Auf den Spuren der Ulmer Schachtel

Herbert Guttropf

Auf den Spuren der Ulmer Schachtel

Zweite überarbeitete Auflage 2014.

Vier Freunde auf Spurensuche. Unterwegs mit Faltbooten auf dem Wasserweg der Flöße und Ulmer Schachteln im Jahre 1960.

Bibliografische Information der Deutschen Nationalbibliothek:
Die Deutsche Nationalbibliothek verzeichnet diese Publikation in der Deutschen
Nationalbibliografie; detaillierte bibliografische Daten sind im Internet
über http://dnb.d-nb.de abrufbar

© 2014

Herstellung und Verlag: BoD - Books on Demand, Norderstedt

ISBN: 9783848254026

Vorwort

Nachdem ich mit Freunden von 1956 bis 1959 schon mehr als 2000 Km gepaddelt hatte, beschlossen wir zu sechst einen größeren Urlaub zu machen. Das sollte eine Wanderfahrt mit unseren Faltbooten und Zelten sein. Erfahrungen hatten wir bereits auf Neckar, Main, Mosel und Rhein gesammelt. Es waren mehrtägige Touren mit den kleinen Zelten, wie wir sie damals hatten. Gezeltet wurde meist wild, irgendwo am Fluss, seltener auf öffentlichen Zeltplätzen. So beschlossen wir eine vierwöchige Fahrt mit Boot und Zelt zu machen. Wir hatten was über die Ulmer „Schachteln" gelesen und so fiel unsere Wahl auf die Donau. Von Ulm bis Wien waren zu der Zeit nur fünf Stauanlagen zu überwinden auf den 651 Kilometern. Die Donau hatte auf dieser Strecke noch eine gute Strömung, sodass wir annahmen, die Strecke in drei bis vier Wochen zu bewältigen. Ab 1960 gab es 20 Tage Urlaub im Jahr. Der Samstag war nun arbeitsfrei. Für Anfang Juni wollten wir den Urlaub bei unseren Arbeitgebern eintragen lassen. Das war damals nicht so einfach weil es noch keine Staffelung der Ferien in den einzelnen Bundesländern gab. Helga und Willi wollten mit dem Zweierfaltboot „Fratz" auf große Tour, Ingrid und Hermann hatten vor die Tour mit ihrem „Vorkriegs" Klepper-Zweier zu wagen. Kuni und ich hatten Einerfaltboote „T9" von Klepper für die große Fahrt. Unsere beiden Einer waren neu. Die silberne Gummi Bootshaut war verstärkt mit doppeltem Kielboden und zusätzlichen Kielstreifen versehen. Ersatzpaddel Halter auf dem Oberdeck waren auch zusätzlich bestelltes Zubehör.

Jedes der beiden Boote kosteten damals um die Tausend DM. Das waren mehr als drei Monatslöhne in dieser Zeit. Alsbald stellte sich heraus, dass wir nur zu viert unterwegs auf der Donau paddeln würden. Ingrid und Hermann konnten leider keinen Urlaub bekommen. Wir machten uns schon früh an die Vorbereitung. Literatur und Flusskarten gab es kaum.

Wir wussten einiges über den Fluss von Paddlern, die bei der TID (Tour International Danubien) auf Teilstrecken mit dabei waren. Die TID, die internationale Donau - (Gepäck) Fahrt für Kanuten und Ruderer wurde 1956 erstmals durchgeführt. Heute (2012) beginnt sie in Ingolstadt und endet in Rumänien am Schwarzen Meer.

Unsere Vorbereitungen dauerten, genau genommen, fast ein halbes Jahr. Willi und ich schrieben eifrig Listen, was alles notwendig war und was nicht. X-mal wurde geändert und umdisponiert, bis wir uns endlich einig waren in der Zusammenstellung der Ausrüstung. Für Küche, kochen, Geschirr und vielen anderen Kleinkram wollten die Frauen, Helga und Kuni zuständig sein.

Vorbemerkungen:

Was eine „Ulmer Schachtel" war, wussten wir. Vom 16. bis etwa zum 18. Jh. wurden Flöße und Zillen so gebaut, dass aus einem Floß ein Schiff- ähnliches Fahrzeug entstand. Schiffsbaumeister und Flößer versahen ihre Flöße, die damals nur aus Holzstämmen und mit Seilen zusammengebunden waren, mit Bordwänden und oft noch mit einer kleineren oder größeren Hütte. Sie waren bis 30 Meter lang und fast 7 Meter breit. Es waren sogenannte Zillen, die von den Ulmern spöttisch als Ulmer Schachteln bezeichnet wurden. Dadurch war es möglich, bis ins Schwarze Meer zu kommen. Die Auswanderer, deren Nachfahren heute als Donauschwaben, Ungarndeutsche und Andere bezeichnet werden gelangten mit diesen Fahrzeugen unter vielen Strapazen bis auf die Krim. Die Fahrten waren gefährlich und mancher kam niemals dort an, wo er hin wollte. Flöße und Zillen wurden mittels Stangen und Rudern an Bug und Heck manövriert. Am Zielort wurden sie zerlegt und das Holz, meist aus dem Schwarzwald und Bayern, verkauft. Wie die Flößer und Holzknechte wieder in ihre bis zu 2000 Tausend Kilometer entfernte Heimat kamen, ist nicht genau bekannt. Schifffahrt war zu der Zeit nur Stromabwärts möglich. Treidel, Treppel oder Ziehwege waren noch weitgehend unbekannt.

Ausrüstung:
Vielen Paddlern, so auch uns, war der Weltreisende und paddelnde Goldschmied Rittlinger aus Leipzig bekannt. Er hatte nach dem Zweiten Weltkrieg einige Bücher vom Reisen und Paddeln mit Faltbooten geschrieben und im Brockhaus Verlag Leipzig und Wiesbaden veröffentlicht. Unter anderem „Das baldverlorene Paradies" (1943) und „Die neue Schule des Kanusports" erschienen 1950, waren aus der Feder von Herbert Rittlinger. Das damals von ihm meistverkaufte Buch war „Ganz allein zum Amazonas" (1958). In den folgenden Jahren wurden mehrere Tausend Exemplare verkauft.

Rittlinger war unser Lehrmeister, was die Paddeltechnik anbetrifft. Auch bei der Ausrüstung für die große Urlaubsfahrt war er unser Vorbild, Auf 19 Seiten „ Der viele Kleinkram" (neue Schule des Kanusports) war alles nach zu lesen. „sö, sagen`s – dann sann die Boote wohl hohl?" (erstaunter Ausruf eines Wieners nach der Antwort auf die Frage, wo denn das viele Gepäck hinkomme....)

Im Kapitel 15 schreibt Rittlinger auf mehreren Seiten über die Ausrüstung und den Stau der Ladung in Faltbooten. Das waren für uns damals gute Anregungen und wertvolle Tipps.

„Den Dichter im Paddelboot" nannte 1950 die Hamburger Wochenzeitung „Die Zeit" Herbert Rittlinger und sie schrieb über ihn: „Kein Mensch weiß in dem oberbayrischen Dorf (Frasdorf), wovon dieser Herr Rittlinger eigentlich lebt."

Fast jeder Paddler hatte in den Fünfziger Jahren sein Buch: „Das baldverlorene Paradies" gelesen. Der rasante Ausbau vieler europäischer Flüsse hatte gerade erst begonnen. Am großen Strom der Donau waren von Ulm bis Wien fünf Stauwehre fertiggestellt.

Im Herbst 1959 begannen wir mit den Vorbereitungen der Faltboot Reise auf dem großen Fluss. Erfahrungen hatten wir schon auf dem Neckar, dem Main und dem Rhein gemacht.

Mit der Großschifffahrt waren wir vertraut und hofften, auf der Donau weniger Schiffsverkehr als auf dem Rhein zu haben. In den damals erhältlichen Fluß- und Zelt-Wanderbüchern waren die Beschreibungen der Flüsse nicht so ausführlich wie heute.

Unsere Planwirtschaft von A wie Ausweis bis Z wie Zelt bestand aus vielen Einzelteilen in der Ausrüstungsliste. Fünf Hauptgruppen seien hier aufgezählt: 1. Boot mit Sachen, die zum Kajak selbst gehören. 2. Zelt mit allem Zubehör. 3. Kocher, Küchenzeug und Proviant. Ein leichter „Holzrolltisch" und zwei einfache Klappstühle durften nicht fehlen. 4. Bord und Landbekleidung möglichst wasserdicht verstaut.   5. Foto, Filme, Kartenmaterial und Kulturbeutel. Und zu guter Letzt noch viel Kram, der wie sich nach dem Urlaub herausstellte, nie benötigt wurde.

So gingen die Wintermonate schnell herum. Mitte April am Wochenende nach Ostern war „Anpaddeln" auf dem Neckar am Bootshaus des WSC Heidelberg-Neuenheim.

Kuni und ich hatten unsere beiden neuen Klepper T9 Einer-Faltboote das erste Mal auf dem Wasser. Wir brauchten keine Umgewöhnung, da wir vorher T6 Einer unterm Hintern hatten. Fahr- und Paddeleigenschaften waren etwa gleich.

Noch wenige Wochen bis zur großen Urlaubs-Wanderfahrt im Juni. Helga und Willi, Kuni und ich hatten immer noch viel vorzubereiten. Es mussten noch wasserdichte Gummisäcke besorgt werden. Kleider- und Fotobeutel aus gummiertem Gewebe mit Luftkammern hatten wir uns schon zu Weihnachten schenken lassen. Im Stegwarenladen, wo gebrauchtes und ausgemustertes Militärmaterial zu erschwinglichen Preisen verkauft wurde, fanden wir einige gummierte Leinensäcke für 2 -3 Mark das Stück.

In der letzten Woche vor dem großen Urlaub sollte alles so verpackt sein, dass dies auf einem Klepper-Bootswagen transportabel war. Der Rest, ein kleiner Koffer etwa 50 x 30 x 20 cm (musste im Boot hinter meinem Sitz zwischen die Spanten passen), zwei Rucksäcke und eine Tasche benötigten noch Platz in den Booten. Ähnlich sah es bei Helga und Willi aus. Mit dem Unterschied, dass der Zweier umfangreicher war. „ Ich hab` des gröste G`schärr." Sagte Willi so, dass es jeder hören konnte. Alles wurde die gut zwei Kilometer ohne Zwischenfälle zum Bahnhof gekarrt.

Endlich Freitagabend, nun lagen 4 (vier) Wochen Urlaub auf einem großen langen (über 2800 Km) Wanderfluss vor uns.

Keiner von uns Vieren wusste oder ahnte, was uns auf den 650 Flusskilometern erwartet. Die drei Boote auf den Wagen waren bei der Gepäck-Aufbewahrung im Bahnhof bis zum nächsten Morgen deponiert. Wir richteten noch bis spät in die Nacht hinein den Kleinkram, (wie Rittlinger zu sagen pflegte). Ich hatte meine Voigtländer-Vito Kleinbildkamera dabei. Drei Schwarz/ Weiß Filme und fünf Agfa Diafilme hatte ich eingepackt. Mehr war finanziell nicht drin. Ich hoffte auf gutes Fotowetter. Alles, Foto, Zubehör und Filme waren im wasserdichten und aufblasbaren, roten Fotobeutel verstaut und wurden im Boot vor meinen Füßen am mittleren Spant fest gebunden.

Die Fahrt am Samstag, der erste Urlaubstag begann mit der Bahnfahrt nach Ulm an die Donau. Der Schnellzug von Frankfurt nach München fuhr um 9.38 ab Bahnsteig 4. Als wir die Boote am Gepäckschalter abholten, sagte ein Eisenbahner: „Die schweren Boote könnt ihr unmöglich über die Treppen auf den Bahnsteig wuchten, ich gebe euch einen Bahnpostler mit, der euch über die Gleise führt." Wir mussten auf der Nordseite aus dem Bahnhof und über die Postauto Einfahrt zum Postbahnsteig 1a. Dort stand schon der Bahnmitarbeiter, um uns über die Gleise zu führen. Auf dem Bahnsteig reihten wir uns hinter den Post Elektrokarren ein. Willi sang, nicht gut aber laut: „Hab `mei Waage voll gelade." Ich maulte: „Hör auf zu singen sonst nehmen die uns nicht mit!"

Der Schnellzug rollte mit grüner E-Lok und schmutzigen, dunkelgrünen Waggons am Bahnsteig ein. Der Post und Packwagen hielt genau vor uns.

War ja klar die drei Postwagen, standen an der richtigen Stelle. Als wir die Bootswagerl mit den Packsäcken zu dritt hochwuchteten, meinte der Schaffner beim Zweier: „Da ist wohl ein Motor drin." Was Willi energisch zurückwies. Die zwei „Einer" waren wesentlich leichter. Im D.-Zug Wagen, 2ter Klasse, fanden wir Sitzplätze. Mit fünf Minuten Verspätung ging die Fahrt über Bruchsal, Bretten und Vaihingen nach Stuttgart. Bei jedem Halt wurden Postsäcke, Kisten und Gepäckstücke aus und eingeladen. In Stuttgart war Lokwechsel. Unser Wagen war nun der Zweite von vorn. Ulm wurde fast pünktlich erreicht.

Zunächst standen wir ratlos auf dem Bahnsteig 2 mit den drei schweren Bootswagen. Ein Eisenbahner mit roter Mütze fragte uns nach dem „Wohin". „Na wo denn schon hin mit drei Bootswägelchen und mehr als zehn Packtaschen verschiedener Größen", erwiderte ich. „Wahrscheinlich zu den Ulmer Kanufahrern auf der bayrischen Seite der Donau", meinte der Bahnchef. Er ging mit uns zur Postwagen Überfahrt. Der Fußweg zum anderen, dem rechten Donauufer, ging in der Fortsetzung des Bahnsteigs neben den Bahngleisen über die Eisenbahnbrücke. Wir sahen unten das Bootshaus mit einem schönen gepflegten Rasen. Auf dem linken Ufer standen die alten Häuser, fast bis an den Fluss gebaut, weit überragt vom 161 Meter hohen Turm des Münsters. Willi lametierte: „ Das wird noch eine Schinderei die Boote da hinunter zu schaffen." „Dann laden wir einfach ab und tragen alles einzeln runter", sagte Kuni. Aber was wir weder wussten noch ahnten tat sich vor uns auf. Ein Weg ging in einer langen Schleife zum Bootshaus runter.

Ein richtig toller Faltboot Bootswagen Transportweg. Die Ulmer Paddler waren doch schlauer als der Ulmer Spatz. Der wollte einst mit einem Strohalm quer im Schnabel in sein Einflugloch....Und musste unverrichteter Dinge umdrehen.

Wir fanden das Haus verschlossen vor. Es standen nur drei Zelte im hinteren Teil des Grundstückes. Neben diesen Zelten lagen drei Faltboot „Zweier". Also beschlossen wir erst unsere Boote aufzubauen. Das abgebaute und transportfähige Klepperboot war in drei speziellen Segeltuch- Taschen mit stabilen Metallreißverschlüssen verpackt. Da waren noch viele andere Dinge hineingestopft. So hatte ich in der 131 cm langen Stabtasche noch Zeltstäbe, Bootsschuhe, Werkzeug, Reparaturmaterial und vieles mehr. In dem großen Hautrucksack für Bootshaut und Spanten hatten Zelt mit Überdach, Schafsäcke, Luftmatratzen und mehr Platz. Das Dritte war der Spantensack mit dem Maß von etwa 55 mal 60 Zentimeter und starkem Reißverschluss. Auch der war mit vielem vollgestopft. Alles einzeln aufzuzählen würde den Rahmen des Buches sprengen und das möchte ich den Lesern ersparen.

Wer mehr wissen möchte und noch keine Erfahrung mit dem Paddeln hat, kann sich in einem der vielen Paddelvereine schlaumachen. Das Buch, „Die neue Schule des Kanusports", aus dem ich meine Anregungen herhatte, ist leider seit der letzten Ausgabe von 1977 nicht mehr erschienen. Man kann es nur noch im Internet (Angebot z.Zt. 2012 für 59.50 Euro gebraucht) oder auf Kanuflohmärkten bekommen.

In einem Reiseführer las ich damals folgendes: „Eine Faltbootfahrt auf der Donau zählt zu den größten Erlebnissen des Paddlers."

Kaum hatten wir etwa um 17 Uhr die drei Faltboote aufgebaut erschien der Platzwart. Nach dem Anmelden bekamen wir einen Platz für unsere zwei Zelte angewiesen. Der befand sich morgens in der Sonne, nachmittags und abends im Schatten.

Helga und Willis „Zweier", ein Klepper Vorkriegsmodel, war 520 cm lang, 92 cm breit mit über 27 cm hohen Bordwänden. Dieser „Fratz" getaufte Kahn, ein Riesenschiff wie Willi es ausdrückte. Es war so schwer, dass es erst unmittelbar am Ufer beladen werden konnte. Aber dennoch nicht so groß wie die kleinste der jemals gebauten Ulmer Schachteln..

Vor zwei bis dreihundert Jahren brachte eine Flussreise viele Gefahren und Wagnisse. Der Strom war weder begradigt noch ausgebaut und hatte viele Gefahrenstellen..

Dies machte es besonders gefährlich, einige Tausend Kilometer, auf so einem Strom, vorwärts zu kommen. Wir dagegen hatten es leichter mit den wendigen Faltbooten. Wir konnten mit dem Schiff von Wien nach Passau und mit der Eisenbahn zum Ausgangspunkt Ulm zurückfahren.

Die Auswanderer die im 18. und 19 Jhd nach Süd- und Osteuropa wollten, es waren Tausende, meist süddeutsche Bauern und Handwerker hatten kaum eine andere Wahl um nach Osteuropa zu gelangen.

Um sich dort eine neue Existenz aufzubauen. Daraus wurden dann Ungarn-Deutsche, Deutsch-Bulgaren, Siebenbürger-Sachsen.. Man nannte es auch die „Schwabenzüge". Das waren damals keine Traumreisen. Dennoch träumten die Auswanderer von besseren Zeiten. Wir erfüllten uns einen Traum auf den Spuren der Ulmer Schachteln mit Faltbooten auf dem damals noch schnell fließenden Strom nach Wien zu reisen.

Sonntag. Lange klangen die Glocken vom Münster und den anderen Kirchen über die Giebel und Dächer und über die Donau zu uns herüber. Bald saßen wir auf den Klappstühlen an unseren beiden Holz-Rolltischen bei einem ausgiebigen Frühstück. Helga und Willi regten an einen Stadtrundgang am frühen Morgen zu machen. So führte der Weg flussabwärts nach einigen Hundert Metern über die Herdbrücke in die Altstadt von Ulm. Vorbei am Reichenauer Hof, links ab am Rathaus (Spätgotik) zum Münster, der größten Kirche Süddeutschlands mit dem höchsten Kirchturm der Welt. Nun standen wir auf dem Münsterplatz. Nächstes Ziel war das „Schiefe Haus" an der Blau, dann ging`s vom Gerberviertel zur Stadtmauer, erbaut 1480 direkt am Wasser der Donau.. Die Adlerbastei wollten wir uns noch anschauen, auf Wunsch der Frauen, die unbedingt sehen wollten, wo 1811 der Schneider von Ulm seinen ersten Flugversuch unternahm. Mit der weiteren Suche nach den vielen Sehenswürdigkeiten von Ulm verging die Zeit sehr schnell. Wir kehrten in einem schattigen Biergarten ein. Unter den hohen Bäumen war es angenehm kühl. Es ließ sich gut aushalten bei einem Weizenbier und Weißwürstl mit einer

Brezen. Echt Bayrisch in Württemberg.

Montag, am dritten Urlaubstag der Reise empfingen uns Sonne und lockere Wolken. 500 Meter oberhalb des Bootshauses gab es ein Freibad da zog es uns hin. Wieder auf Wunsch der Frauen, den Willi und ich sehr gerne erfüllten. So konnten wir die sommerliche Wärme besser aushalten. Am späten Nachmittag wurden schon einige Sachen unserer Ausrüstung vorgepackt. Ich hatte jedoch vor gegen Abend noch mal in der Altstadt einige Fotos zu machen, weil dann das Abendlicht weicher ist. Ich ging auf den Fußgängersteg der Eisenbahn Brücke. Von dieser Stelle hatte ich einen schönen Fotostandpunkt mit Blick auf die Stadtmauer und das Münster, welches die Giebel. der kleinen Altstadt Häuser überragte.
Ulm hat etwa 80 Tausend Einwohner und liegt in 400 m Meereshöhe. Am Münster wurde von 1377 bis 1890 gebaut. Die Orgel hat 109 Register und 8800 Pfeifen. Auf den Turm führen 768 Stufen. So blieb uns Ulm bis heute in guter Erinnerung. Die Gastfreundschaft auf dem gepflegten Rasen der Ulmer Kanufahrer war hervorragend. Am Abend beim bayrischen Weißbier lernten wir Manfred Vogt kennen. Er war uns bekannt als Deutscher Meister (1953 – 1957). Mit der National – Mannschaft in Tacen wurde er Weltmeister. Jahre später an der Mur in Österreich traf ich ihn wieder, ich erkannte ihn erst als er seinen Römer Wildwasserhelm abnahm und sagte: „Hanoo kennst mich nimmer?" Das war ein Wiedersehen nach vielen Jahren.

Dienstag. Zweiter richtiger Urlaubstag und hurra! Erster Paddeltag. Mal sehen wie weit wir kommen. Hindernisse waren zwei Wehre mit Schleusen und zwei neue „Wehr"-Baustellen. Um 7 Uhr 30 krochen wir aus den Schlafsäcken und saßen eine halbe Stunde später am Holzrolltisch beim Kaffee. Dann erfolgte das Abbauen der Zelte und Stauen der Boote. Willi drängte zur Eile. Er wollte möglichst weit kommen. Er meinte die Strecke sei nicht so interessant. Alles Auwald mit den zwei Staustufen und großen Baustellen. Das wusste er deshalb sehr genau, weil er sich am Vortag bei einigen Kanuten erkundigt hatte. Also beeilten wir uns, und so waren wir schon vor zehn Uhr abfahrbereit. Ich stieg als Letzter in meinen Einer. Willi, unser Seniorpaddler trieb uns an: „ Auf legt euch ins Zeug." Das hieß bei ihm: Zügig lospaddeln. Wir legten ab und waren sogleich im Rückstau des Wehres „Böfinger Halde". Nach dem passieren von 3 Brücken und fünf Kilometer stromlosen paddelns mit den schweren Kajaks war die Wehranlage erreicht. Das Wehr musste selbst umtragen oder mittels Bootswagen umfahren werden. Das bedeutete die schweren Sachen aus laden und die 50 Meter schleppen. Willi und ich karrten die drei Schiffe zum Unterwasser. Schließlich, nach fast einer halben Stunde konnte weitergepaddelt werden. Das Gleiche wiederholte sich nach 5 mühsamen Paddelkilometern in Oberelchingen. Die Umtrage war am linken Ufer. Gleich dahinter überquert die Autobahn A7 den Fluß. Nach einer flotten Fahrt mit Unterbrechung durch eine ausgiebige Brotzeit erreichten wir am späten Nachmittag das Bootshaus des Kanuclub Dillingen.

Der Mittwoch, dritter Tag richtig Urlaub und zweiter Paddeltag, begann wie gewohnt nur mit etwas Nebel über dem Fluß, den die Sonne schnell wegzauberte. Um acht Uhr Frühstück, zehn Uhr in den Booten sitzend, wie Willi sich das wünschte. So begann der Tag. Die flotte Strömung hatte uns wieder. Keine Spur von Ulmer Schachteln. Keine Schiffe weit und breit. Die einst schöne, blaue Donau war grau-schwarz, aber mit schneller Strömung. Nach der Straßenbrücke Günzburg befand sich ein Pionier Übungsgelände mit NATO-Rampen und viel Kriegsgerät. Außer einigen Wachsoldaten mit Gewehren war nichts los. Willi sang, als wir wieder auf einsamen Wasser paddelten, ein schauriges Lied: „Faltboot, treuer Fahrtgesell, dir bin ich ergeben, altes klappriges Gestell, sollst noch lange leben. Schon so manchen usw. usw." „Hör auf, das ist zu schaurig schön." Wir paddelten schnell voraus und ließen seinen entsetzlichen Gesang hinter uns. Kuni und ich nahmen mit unseren neuen Booten Fahrt auf, um mindesten 50 Meter Abstand zum „Fratz " zu bekommen. Höchstädt, Schwenningen, die Mündung der Wörnitz und Donauwörth ließen wir links liegen. Mittagspause machten wir bei Strom-Km 2500 unweit von Schloß Leitheim. Unter der Straßenbrücke fand ich eine Kiesbank zum Anlegen und einen schattigen Platz mit Bank. Willi fragte mich, wie viele Kilometer es noch bis zu seinem Tagesziel Neuburg wären.

„Gute 2 Paddelstunden und etwas mehr als 20 Km." Sagte ich. Kuni fragte: „ Woher weißt du so schnell, wie weit das noch ist?" Ganz einfach bemerkte ich: „Hier ist Km 2500 und Neuburg ist 2477."

„Wenn Willi noch Gesangseinlagen bringt, sind wir noch schneller dort weil ich dann Fahrt aufnehme." grinste ich. Helga zu Willi: „Habe dir doch gleich gesagt du sollst den Blödsinn bleiben lassen." Es kam keine Wiederrede von Willi, weil er gerade das Bayrische Bier am Hals hatte. Es war drückend heiß als wir weiter paddelten. Weiße und schwarze Wolken trieb der Wind vor die Sonne. Es roch nach Gewitter. Schwäne, Stockenten und Haubentaucher, die eben noch im Tiefflug über uns hinweggezogen waren, suchten Schutz im Ufergebüsch. Wir, Kuni und ich, zogen die Paddel kräftig durch um dem Gewitter, das von Westen drohend heraufzog, zu entkommen. Wir hatten keinen Blick mehr für die Landschaft. Auch Hewi (Helga und Willi) mit ihrem „Fratz" nahmen mächtig Fahrt auf. Wir mit „Tillikum " und „Xora" konnten gerade noch so mithalten. Vor Beginn des Unwetters, das sich immer bedrohlicher entwickelte, wollten wir unsere Leinwandvillen sturmsicher stehen haben. Eins war bei diesem Tempo sicher, Willi hatte keine Lust zum singen.. Ein Glück, dass kräftiger Rückenwind von Westen blies, das verkürzte die Paddelzeit enorm. Nach knapp zwei Stunden erreichten wir den Strom Km 2477 und den Anleger des Zeltplatzes vom Donau-Ruderclub Neuburg. Mit dem Wind und der schnellen Strömung war das Anlegen und Aussteigen nicht so einfach. Die Stromgeschwindigkeit betrug damals (1958) 2 bis 3 m pro Sekunde. Nachdem ich mein schwer geladenes Boot in Sicherheit gebracht hatte, habe ich Helga und Willi beim Aussteigen geholfen. Die beiden mussten ihr Boot weitgehend entladen, damit wir es zum Platz tragen konnten. Jetzt half ich Kuni aus ihrem Tillikum an Land. Auch hier mußte einiges entladen werden.

Wenn die Zelte einmal standen, konnte das Wetter kommen.
Der Donnerstagmorgen dämmerte. In der Nacht war das Gewitter mit Wind und Starkregen über uns hinweggezogen. Überall Pfützen und Wasserlachen. Die Überdächer waren klatschnass. Zelte, Luftmatratzen und Schlafsäcke blieben jedoch trocken. Die Boote wurden immer mit den Spritzdecken verschlossen und umgedreht. So wurde innen nichts nass. Dieser Donnerstag war als Ruhe- und Besichtigungstag von Neuburg vorgesehen. Die historische alte Stadt war ab 1505 unter dem Pfalzgrafen Ottheinrich Residenzstadt des Fürstentums Pfalz-Neuburg. Sie ist eine der schönsten Städte Bayerns. Viele Spuren führen nach Heidelberg unter anderem ins Schloß zum Ottheinrichsbau. Neuburg liegt im landschaftlich reizvollen Donautal. Früher, im Mittelalter, war hier ganz sicher eine Floßlände wo die Ulmer Schachteln oder die Bayrischen Zillen Station machten. Spuren konnten wir leider nicht entdecken. Doch, fast hätte ich`s vergessen, ich fand noch die Tafel einer alten Kilometrierung. Neuburg war ehemals am Km 111 ab Iller Mündung bei Ulm. Heute hatten wir Zeit, uns die Stadt anzusehen und auf dem Markt einzukaufen. Frauensache da waren Willi und ich uns einig. Das Residenzschloss mit Hofkirche und Schlosskapelle wurde ab 1522 erbaut. Schloss Grünau ist einige Kilometer entfernt (1530 – 35 erbaut) und liegt im Donautal zwischen Fränkischer Alb im Norden und Donaumoos im Süden. Nach eindrucksvoller Stadtbesichtigung kehrten wir mit unseren Einkäufen zum Platz zurück.

„Wir haben Freitag", bemerkte Willi am Kaffeetisch . „Fast eine Woche Urlaub ist Vergangenheit", stellte Helga fest. „ Es ist aber kein freier Tag, sondern Paddeltag und am Samstag wollen wir in Regensburg vor Anker gehen", hörten wir von Kuni. Das sind 100 km und die schaffen wir locker, das war unsere einstimmige Meinung. Fast pünktlich, kurz nach zehn, saßen wir alle in den Booten. Das Ablegen war einfach, gegen den Strom reinpaddeln und schon wurde der Kahn in die Strömung gedreht. Willis Steuer klapperte bei der Wende-Aktion. Kuni und ich drehten mittels Paddelstütze nach rechts, um in den Strom ein- zuschwenken. „Manöver geglückt", stellte ich fest, denn in solchen Fällen hatte schon mancher Paddler mit den Fischen Bekanntschaft gemacht. Was uns noch aufgefallen ist, dass wir bis heute keine Paddler getroffen haben weder auf den Zeltplätzen der Bootshäuser noch auf dem Wasser. „ Das liegt bestimmt an dem schmutzigen Wasser", dachte Helga laut. Schnell trieb uns der Strom an Ingolstadt vorbei. Nach einigen Straßen und der Bahnbrücke erstreckte sich auf dem rechten und linken Ufer ein riesiger Nato-Truppenübungsplatz der Pioniere. Berge und stapelweise stand hier graugrünes „Kriegsspielzeug" herum. Unzählige Pontons und, Schwimmautos aller Art. Auf jeder Flussseite gab es vier Nato Rampen, wie wir diese auch vom Rhein kannten. Wir paddelten zügig weiter durchs Donaumoos. Kurz vor Weltenburg fanden wir bei einer kleinen Personenfähre eine geduldete Zeltmöglichkeit mit Wasser und Häuschen.

23

24

25

Für die Donaubefahrung gab es 10 Regeln für Sportboote. Von 1. Signale beachten über 6. Bug senkrecht zu den Dampferwellen stellen, bis 10. Der Sportler ist für verschuldete Unfälle haftbar. Soweit, auszugsweise, die „Zehn Gebote".

Der Samstag schien ein Regentag zu werden. Die vergangene Nacht war schon verregnet, irgendwo weiter weg mit Wetterleuchten und Donner. „Wir lassen heute das Frühstück ausfallen. Solange der Regen Pause macht, bauen wir ab und machen unser Frühstück in der Klosterschänke Weltenburg, das sind nur drei schnelle Kilometer." Schlage ich vor und alle stimmten zu. Das trieb uns zur Eile an. Einiges musste feucht eingepackt werden. Schon kurz nach neun Uhr waren wir abmarschbereit, wie es der frühere Soldat Willi im Befehlston gerne ausdrückte. Mit Paddeljacken (Klepper-Grau) und geschlossenen Spritzdecken nahmen wir Fahrt auf. Der Fluß machte eine Linkskurve, um dann wieder nach rechts zu schwenken, wo das Kloster Weltenburg von einer Kalkstein Felswand überragt wird. Anlegen war leicht auf der flachen Kiesbank, da konnten wir die Boote auf das Ufer schieben und alle Luken dichtmachen, da es zu regnen begann. Wir saßen gemütlich am Frühstückstisch und ließen uns bedienen. Es gab hier alles und nicht wie wir zuvor glaubten, nur Bier, Weißwürstel und Brezen. Als wir wieder in den Booten saßen und bei leichtem Regen im Donaudurchbruch paddelten, war das nicht so schön wie wir uns dies vorgestellt hatten. Nach drei Kilometer paddeln stiegen wir noch mal aus. Wegen der Befreiungshalle auf dem Michelsberg mit Blick auf Donau und Altmühl.

Dann weiter paddeln im leichten Regen unter den Schwarzen Wolken am Himmel. Bis zu unserem Tagesziel Regensburg waren es noch fast 40 Km. Vorbei am alten Ludwigs-Donau-Main-Kanal und der Mündung der Altmühl. Beide kommen von links, schaufelten wir uns in Richtung Regensburg voran. Dann ging`s an Bad Abbach, einer ehemaligen römischen Militärstation und heute Heilbad, zügig vorbei. Am linken Ufer liegt Oberwinzer, der nördlichste Punkt der Donau. Der Regen hat nun endlich aufgehört. Vor uns baute sich die Kulisse der Stadt Regensburg auf. Wir erreichten den Km 2380,5 damit die einzige Möglichkeit bei der Faltboot Abteilung der Regensburger Turnerschaft, die beiden Zelte auf zu stellen. Ein paar Zelte standen schon, und fünf Faltboote lagen da herum. Aber niemand war zu sehen. Der Himmel über der Stadt lichtete sich etwas, manchmal wurde sogar die Sonne sichtbar. Es war nicht mehr so heiß wie die Tage vorher aber angenehm warm. Am Samstag um 15 Uhr war an Einkaufen war nicht mehr zu denken. Alle Geschäfte hatten in Bayern damals leider geschlossen. Brot hatten wir noch ausreichend und einige Konserven waren in einem Netz im Bug von Kunis Boot. Bier brauchten wir am Abend nicht unbedingt. Aber wenn es Tee gab, wie die Frauen es wollten, hatte Willi bestimmt was zu meckern. Ich war mit Tee einverstanden. Gegen 17 Uhr wurden beide Benzinkocher mit Spiritus vorgeheizt und in Betrieb gesetzt. Ein Topf mit Wasser für Spaghetti, daneben einer für Hackfleischsoße.

An diesem Samstagabend saßen wir nach unserer

Paddlermahlzeit in gemütlicher Runde und ließen den schönen Sommerabend bei einem Glas Rotwein ausklingen.

. Der Sonntag war ein paddelfreier (Ruhe-) Tag. Wir wollten uns die Stadt ansehen. Regensburg, die zweitausendjährige Stadt. Eine Kelten- und Römersiedlung mit vielen alten Bauten, versuchten wir zu Fuß zu erkunden. Viele uralte Häuser, Kirchen und der Herzoghof mit Römerturm sahen wir in der alten Reichsstadt. Willis Kommentar war: „ Hier gibt es noch viele Fachwerkhäuser und wenn ich genau hinsehe, sehe ich noch die Spuren der Ulmer Schachteln mit den Narben, die der Flussgrund darin hinterlassen hat." „ Wie willst du das beweisen? " Bemerkte Kuni. „Überhaupt nicht, denn ich habe jetzt Lust auf ein Bier." Willi hatte recht mir ging es genau so. Wir wussten, wenn wir in eine Kirche auf der einen Seite hineingingen und auf der Anderen hinaus ständen wir vor einer Kneipe. Bei der hier war es dann umgekehrt. Gingen wir zum Hintereingang raus, kam wieder ein Kirchen-Eingang. Gegen Mittag bekamen wir in einer Gartenwirtschaft, wo gerade Tischdecken aufgelegt wurden, unser Bier und Helga und Kuni ihren Kaffee. Dann zog uns der nahe Dom St. Peter (13./14 Jh.), eines der bedeutendsten gotischen Bauwerke, in seinen Bann. Die Steinerne Brücke, erbaut 1135, ein technische Meisterleistung des Mittelalters. Uns interessierte jedoch nur die Brückendurchfahrt mit starkem Gefälle auf wenigen Metern und großen Wirbeln. Diese Stelle mussten wir am folgenden Tag genau in der Mitte ohne Kenterung hinter uns bringen.

„Ich paddle als Erster durch, warte im Kehrwasser auf euch und gebe Handzeichen für die richtige Durchfahrt." Schlug ich den Mitpaddlern vor.

Es ist Montag in der zweiten Woche und siebter Paddeltag und unser Ziel ist ein perfekte Durchfahrt durch das zweite Joch der „Steinernen Brücke". Um acht Uhr aus den Schlafsäcken schälen, Frühstück, Abbau und in die Strömung einschwingen ist unsere fast tägliche Übung, um in Fahrt zu kommen. Nach einigen Paddelschlägen und etwa 400 Meter bin ich als erster vor dem zweiten Brückenjoch. Ein paar schnelle Paddelschläge mittig eingefahren und zwischen den großen Trichterwirbeln ins Unterwasser. Ich drehte mein Boot stromauf, um Kuni und Hewi einzuweisen. Alles reibungslos stellte ich fest. Weiter ging die Fahrt. Auf den nächsten sechs Kilometern gab es rechts nur Industrie und Hafenanlagen. Nach der Brücke von Donaustauf steht links die Ruine der Burg der Fürsten Thurn und Taxis. Dann legten wir links an um uns die Walhalla anzusehen, die 1830 – 1842 König Ludwig der 1. erbauen ließ. Wir hatten uns vorgenommen heute die 60 Km bis Straubing zu paddeln. Der Himmel war bedeckt, und einige Male wurden wir vom Nieselregen überrascht. Dank unserer Gummierten „Klepper " Paddeljacken blieben wir jedoch trocken. Die Strömung tat ein Übriges schneller als erwartet erreichten wir unser Tagesziel. Willi sang und paddelte im Takt. „Regentropfen, die an meine Brille klopfen....." Wieder mal mehr schlecht als recht und so laut, dass es weit über das Wasser hallte. Kuni und ich paddelten etwas schneller vornweg um Willi nicht bei seinem Gesang zu stören.

Willi rief: „He Kunibert (damit meinte er uns) nicht so schnell, da komme ich kaum mit." Ich sah nicht warum Helga ihr Paddel ruhen lies. Sie hatte es quer über das Boot gelegt. Sie ärgerte sich bestimmt über Willis Gesang. Nach den vielen Flussschleifen zwischen Wörth und Straubing, tauchte die Agnes-Bernauer-Brücke von Straubing mit ihren Bögen vor uns auf. Ein eindrucksvoller Anblick für uns aus der Bootsperspektive. Kurz davor am rechten Ufer machte uns die gute Anlegestelle beim Bootshaus des Kanu-Club das Anlanden leicht.

Bald standen beide Zelte. Unsere Boote Fratz, Tillikum und Xora lagen auf dem Rasen. Die Kocher fauchten und es roch sehr nahrhaft. Das Haus war bewirtschaftet und einige weitere Zelte standen hier. Boote lagen herum aus Bamberg, Mainz, Bremen und Freiburg. Das Wetter hatte sich gebessert im Westen zeigte sich ein schöner Abendhimmel und wir erfreuten uns an der untergehenden Sonne. Es war Anfang Juni und die Tage wurden immer länger. Der nächste Tag, ein Dienstag hatte ich als Besichtigungstag geplant, um die interessante Gäubodenstadt Straubing ausgiebig zu erkunden. 265 Km in fünf Tagen hatten wir nun gepaddelt, das war fast die halbe Strecke bis Wien. Wir wollten zweimal übernachten sagte ich dem Bootshauswart. Dafür waren für DKV Mitglieder 12 Mark zu zahlen. Am nächsten Tag, einem Dienstag, Kuni hatte sich vor unserer Reise gut informiert, unter anderem war der Besuch des Gäuboden Museums beabsichtigt. Auch die Ursulinenkirche von Asam (1740) wollten Helga und Kuni ansehen. Willi dagegen tendierte zum Besuch eines Biergartens. Ich wollte nach Treppelwegen suchen, um doch noch auf Spuren der Ulmer Schachteln zu stoßen. „Da kannst du lange suchen." Sagte Willi.

Da hatte er wahrscheinlich recht dachte ich mir, gab ihm aber keine Antwort darauf. Am Dienstag um 10 Uhr öffnete das Museum seine Türen. Wir waren die einzigen Besucher. Was mich am meisten interessierte, waren die Modelle von Zillen und Ulmer Schachteln, die nach alten Zeichnungen nachgebaut waren. Es gab noch Gierfähren zu bestaunen. Diese gibt es heute kaum noch weil sie nur da, wo noch Strömung ist, möglich sind. Durch die vielen Stauhaltungen mit Herabsetzung der Fließgeschwindigkeit können sich Fähren ohne Motor an quer über das Wasser gespannten Stahlseilen nicht mehr vom einen zum anderen Ufer bewegen. Ich glaube wir waren mehr als zwei Stunden in dem Museum. Dann ging es in die Stadt. Als Zentrum der Kornkammer Bayerns galt früher der Gäuboden. Es war fruchtbares Schwemmland, das von der Donau fast regelmäßig durch Überschwemmungen heimgesucht wurde. Die größten Hochwasser mit 10 Meter über dem Normalpegel von Linz waren 1504 und 1956! Stadtturm, Herzogschloss (1356) und die beiden Türme der Peterskirche, die im 12 Jh. auf dem Gelände eines Römerlagers erbaut wurden sind sehenswerte Bauwerke. Für die Besichtigung der Stadt reicht ein Tag kaum aus. Als wir an der Donau zurück waren, dachte ich noch einmal über den Treidelweg nach. Ich erinnerte mich, dass ich mal gelesen hatte, wie das mit dem Treideln damals war. Die kastenförmigen Schiffe wurden von Knechten mit langen Seilen vom Treidelweg aus flussauf gezogen. Das dauerte von Wien bis

Regensburg mindestens zwei Monate. Die Tagesleistung betrug zwischen 15 und 20 Km. Mühsam dachte ich so bei mir.

So war der „Ruhetag" im schönen Straubing anstrengend für die Füße. Der nächste Morgen (Mittwoch) kam mit viel Sonne. Um 10 Uhr, das war unsere Zeit, wo es galt, die Paddel zu bewegen, um der Strömung nach zu helfen und die Faltboote steuerbar zu machen. Nur wenn das Kajak etwas schneller war als die Strömung ließ sich der Kurs halten. Willi steuerte „Fratz" mittels Fußsteuer um seine ungleichmäßigen Paddelschläge auszugleichen. Das sei einfacher, behauptete er und er müsste nicht so sehr aufpassen. Heute wollten wir so weit kommen, dass wir Donnerstags am frühen Nachmittag den Zeltplatz des TV Passau in der Ilz zu erreichen. Nach der Wallfahrtskirche auf dem Bogenberg folgte wieder bei Km 2309 ein Pionier Übungsgelände der amerikanischen Besatzung. Zügig paddelten wir an Deggendorf vorbei. Da waren auf fast fünf Kilometern Industrie, Hafen und Kaianlagen bis zur Mündung der Isar von rechts. Übrigens nimmt die Donau in Deutschland über 50 mehr oder weniger paddelbare Gewässer auf. Das reicht von A wie Abens bis zu Z wie Zusam.

Nach dem Passieren von Niederalteich mit seiner Benediktiner Abtei wollten wir uns nach einer geeigneten Zeltmöglichkeit umsehen. Wasser und Verpflegung hatten wir genügend mit. So könnten wir auch wild zelten. An der Fähre von Winzer stand am linken Ufer ein kleines Zelt und daneben lag ein Zweierfaltboot. An der Fährrampe legten wir an. Die Gierfähre war am rechten Ufer und das Fährhaus nicht besetzt.

Boote aus dem Wasser und warten, bis der Fährmann kam. Nachdem am anderen Ufer ein VW-Käfer an Bord der kleinen Fähre gefahren war lies er den Ponton von der Strömung an unsere Uferseite ziehen, wo wir warteten. Ja wir konnten hier bleiben und durften freiwillig was in seine Kaffeekasse legen. Was ich nicht wusste Willi hatte den Tipp mit der Fähre Winzer von den Straubinger Paddlern bekommen. Den Ort konnte man von hier aus nicht sehen, der war hinter einem Hochwasserdamm versteckt. Vom Fluß aus war nur der Kirchturm zu sehen. Am Himmel rückte eine schwarze Gewitterfront immer näher. Wir bauten schnell unser Lager auf und sicherten die Zelte mit mehreren Sturmleinen und zusätzlichen Zeltnägeln.

Es gab eine unruhige Gewitternacht, die uns nach dem Abendessen noch nicht sofort zur Ruhe kommen ließ. Doch am nächsten Morgen war alles vorbei und nur noch einige Wolkenfetzen zogen nach Osten ab. Willi stand am Ufer und schien das Wasser zu beobachten. Ich fragte ihn, was es da zu sehen gäbe. Er sagte: „ Ich suche die Spuren der Ulmer Schachteln leider vergeblich." „Kann ich mir denken, aber diese Zillen und die Stadt Ulm sind durch diese Bezeichnung im gesamten Donauraum bis zum Schwarzen Meer bekannt geworden." Sagte ich. Willi: „So, so und wo weißt du das her." Fragte er. Ich versuchte ihm klar zu machen, dass man das aus der Literatur erfahren könne. Da wurden wir zum Frühstück an unsere Rolltische gerufen.

Gestärkt setzten wir uns in die Boote und legten ab in Richtung Passau. Das Pärchen im Nachbarzelt befand sich im Aufbruch. Ihr Ziel war ebenfalls Passau.

Ein Schwenk aus dem Kehrwasser und die Strömung hatte uns wieder. Aber die wurde nach einigen Kilometern immer träger, denn der Stau des Kachlet (Name der Wehranlage) begann nach der Stadt Vilshofen. Auf 19 km ist die Paddelei wieder anstrengender. Wir wollen um 11 oder 13 Uhr dort sein dann sparen wir uns das Umtragen. Von 11 bis 17 Uhr sind alle zwei Stunden Sportboot Schleusungen. Also ranhalten empfehle ich den Mitpaddlern. Das Pärchen mit dem langen, roten Zweier (ein Marquard- Boot aus Heilbronn) hatte uns schnell eingeholt. Es trug den Namen: „Schnellboot" und am Heck „TG Heilbronn". Sie wollten sich durch die Sonderschleusung den langen Umtrageweg ersparen. Der Himmel hatte seine Schleusen wieder geöffnet und beglückte uns mit leichten Nieselregen.. Da konnten wir nur mit Paddeljacken paddeln. Die waren „Klepperdicht " wie Willi richtig bemerkte. Da es dabei sehr warm war, wurden wir auch unter der gummierten Jacke nass. Mein Uhrzeiger rückte unaufhörlich weiter auf 11 Uhr zu und es waren noch einige Kilometer zum Kachlet. Es dauerte, bis wir die Umrisse der Anlage näher kommen sahen. Als wir an den Liegeplatz kamen, waren auch schon einige Boote da. Auch das „rote Schnellboot" lag vertäut an der großen Treppe, die mit vielen Stahlringen versehen war, um daran fest zu machen. Wir machten fest und packten unsere Brotzeit aus. Pause in den Booten wollte ich nicht machen. Der Regen hatte langsam aufgehört und wir entschlossen uns auszusteigen.

Über eine Stunde bis zur Schleusung wollte ich nicht untätig im Boot sitzen. Außerdem mußte ich mal dringend ins Gebüsch.

Dazu waren einige 100 Meter auf der Schleuseninsel zurückzulaufen. Um 12 Uhr 30 ging langsam das Tor der rechten Kammer auf. Aus den Lautsprechern ertönte blechern und verzerrt eine Stimme: „Sportbootfahrer fertigmachen zur Einfahrt." Das Licht der Ampel wechselte von rot auf grün und wir konnten in den riesigen Betontrog hinein paddeln. Der Haufen war inzwischen auf über 10 Boote angewachsen, darunter zwei große und ein kleineres Motorschiff. Das Kachlet war 1927 erbaut mit 9.80 Stauhöhe. Die Schleusung in der großen Kammer, diese ist 24 m breit und 230 m lang, mit den mächtigen Toren aus Holz und Eisenbeschlägen, dauerte über 30 Minuten. Wir kamen an einer in der Mauer eingelassenen Stahlleiter zu liegen. Ich war an der Leiter und hielt mich daran fest. Neben mir Hewi mit Fratz und außen Kuni in ihrem Tillikum. Es ging langsam abwärts und ich hatte ständig nachzufassen. Die Sprossen waren nass und glitschig. Ich war froh, als wir endlich aus dem Kasten herauskamen. Durch den Lautsprecher wurde mitgeteilt uns am linken Ufer zu halten. Wir waren nun im Stadtgebiet von Passau nach der Eisenbahnbrücke folgten noch drei Straßenbrücken und fünf Kilometer später links die Mündung der Ilz. Nach 1000 Meter kamen wir zum Platz der Kanuabteilung des Turnverein Passau. Da war einiges los mit Booten und Zelten, es war dennoch reichlich Platz für uns.

Nun hatten wir 1 ½ Tage vor uns für die Besichtigung der Stadt Passau. Hier mündet die dunkle Ilz von links und des silberne Inn von rechts in den zweitlängsten Fluß Europas.

Der Inn bringt auf seinem 517 Km langen Lauf mehr Wasser mit als die Donau nach 597 Kilometern. Der Inn hat 738 m³/s und die Donau 690 m³/s bei mittleren Wasserständen und beide führen viel Geschiebe mit. Das kann Mann oder Frau Paddler gut hören wenn wir durch die Sitzluke ins Boot hinein horchen. Soweit so gut es muss aufgebaut und nicht fachgesimpelt werden. Heute gibt`s Kaffee und Kuchen, den ich in der nahe gelegenen Bäckerei in der Innstadt gekauft hatte. Danach stiegen wir den Berg hoch auf die Veste Oberhaus um den schönen Blick zu genießen. Die mittelbraune Donau (immer noch nicht blau) nimmt von links die dunkle fast schwarze Ilz auf und rechts fließt in breitem Strom der grün-silberne Inn dazu. Erst nach vielen Kilometern vermischen sich die Farben der drei Gewässer. Die Donau durchfließt Österreich auf eine Länge von 373 Kilometern.

Passau, die „Dreiflüsse Stadt" ist eine alte Kelten- und Römersiedlung mit etwas mehr als 40 Tausend Einwohnern. Als Drei-Flüssestadt hat sie ständig mit Hochwasser fertig zu werden. Bei Betrachten der Hochwassermarken, wird uns klar, dass wir an vielen Stellen jetzt unter Wasser stehen würden. Dann gab es noch den St. Stephansdom (erbaut 1680) mit der größten Kirchenorgel der Welt mit 17774 Pfeifen zu sehen. Das historische Rathaus und viele alte Gebäude sie alle überstanden unzählige Hochwasser. Die Ulmer Schachteln haben auch hier im Fachwerkholz ihre Spuren hinterlassen, denn die Hölzer aus dem Schwarzwald hatten die Jahrhunderte überdauert nahmen wir an. Vielleicht liegen wir damit richtig wir wissen es nur nicht.

Es ist Freitag und wir sind schon zwei 2 Wochen unterwegs mit 7 Tagen Paddeln und 6 Ruhetagen als Fußgänger und Touristen. Wir hatten alte Städte besichtigt und befinden uns noch auf den Spuren der Ulmer Schachteln, wie die Zillen damals scherzhaft genannt wurden. Diese Fahrzeuge verschwanden mit der Erfindung der Dampfmaschine, die Holz oder Eisenkähne flussab und flussauf schleppen konnten. Das war wesentlich leichter als zuvor die Treidelarbeit durch Mensch oder Tier (Treidelpferde). Daher heute noch die Bezeichnung Treppel-, Treidel- oder Leinpfad. Spuren findet man heute noch in Straßennamen.

Kurz vor der Ilz Mündung ist die Luitpold oder Hängebrücke und auf dem Felseneck die Festung Niederhaus aus dem 6.Jh. eine bessere Übersicht über das Gebiet konnten die Herren damals nicht finden. Das rechte gegenüberliegende Ufer unterhalb der Mündung des Inn ist bereits Österreich. Wir gehen noch an die Schiffslände, wo die großen Raddampfer der Donaudampfschifffahrts-gesellschaft vertäut vor Anker liegen.

Auf den Fahrplänen sahen wir, dass das Schnellschiff von Wien nach Passau morgens um 8.00 Uhr in Wien ablegt und am nächsten Tag um 11.00 hier in Passau ankommt. Das Normalschiff fuhr um 9.30 ab Wien und kam am nächsten Tag in Passau um 17 Uhr an denn es hatte Halt an jeder Ortschaft. Die Bergfahrt von Wien nach Passau dauerte 33 Stunden einschließlich 8 Std. Liegezeit in Linz. Das Schnellschiff hielt nicht überall. „Also die Rückfahrt mit dem Schnellschiff, wenn es auch etwas teuerer ist, die paar Schillinge machen uns auch nicht ärmer." Verordnete uns Willi. Im „Grieben Reiseführer" war zu lesen, dass die Dampferfahrt zwischen Passau und Wien eine der schönsten Reiserouten in Europa sei.

Am Samstag brachte uns die nächste Paddel-Etappe immer näher in Richtung Wien. Es lagen noch 290 Stromkilometer vor uns und wir erwarteten ab jetzt mehr Schiffsverkehr. Von Passau nach Wien und umgekehrt war Personen und Güterschifffahrt. Schleppverbände und Schubeinheiten, wie wir diese vom Rhein, in dieser Größe, noch nicht kannten, waren hier unterwegs. „Die von den Ostblock-Ländern wurden meist von Militärpersonal gefahren", sagte uns ein Schiffsführer in Passau. Es war heute bewölkt, aber trocken und kaum Sonne, als wir unsere Boote auf den nun großen Strom lenkten. Willis Steueranlage klapperte. Er rief mir zu: „ komm mal längs bei mir und häng` das rechte Steuerseil am Jochbügel ein." Das war mit meinem beweglichen Einerboot schnell behoben.   Willi sang: „(oh wie fürchterlich für mich) Wohlauf, die Luft geht frisch und rein, wer lange sitzt muss rosten, den allerschönsten Sonnenschein .... usw. usw." fürchterlich schön. Kuni und ich mussten wieder die Flucht nach vorn antreten. Also schneller Paddeln um Abstand zu gewinnen. Weiter ging unsere flotte Fahrt ohne Baulärm, weil Wochenende und Samstag war. Vorbei an der Burg Krempelstein aus dem 14. Jahrh. Bischofssitz und Raubritterburg. Bei Donau Km 2210 musste rechts an der Zollstation Felsenhütt zur Zoll- und Passkontrolle an einem Zollhäuschen angelegt werden. Ausweise oder Reisepässe vorzeigen war alles, was verlangt wurde.

„Grüß Gott und geruhsame Weiterfahrt", wünschte uns der freundliche Zöllner.

Bis zur Stauanlage Jochenstein waren noch fast 5 Km auf stehendem Wasser zu paddeln. Eine halbe Stunde später erreichten wir die Umsetzstelle am rechten Ufer. Der schwere eiserne Wagen stand auf einem Gleis. Der Wagen wurde ins Wasser unter den Zweier geschoben. Das Ganze dann heraus gezogen und im Unterwasser abgesetzt. Dann kamen die Einer auf dem 300 Meter langen Landtransport nach unten. Gleich hatte uns der schnelle Strom wieder erfasst. Der Fluss fließt nun durch eine der schönsten Landschaften Österreichs. Nach mehreren schnellen Kilometern nähern wir uns der Schlögener Schlinge mit ihren drei Stromkehren. Auch hier waren Uferbaustellen als Foge der weiteren Kanalisierung der Donau. Von links mündet hier die Kleine Mühl ein. Am Fähranleger und Gasthaus legen wir gegen die Strömung in der Außenkurve an. Die kleine Fähre lag am rechten Ufer. Es waren schon drei Zelte und vier Boote hier. Aber kein Paddler war zu sehen. Willi stolperte gleich ins Gasthaus. Er wollte ausnahmsweise kein Bier, sondern fragen wegen der Möglichkeit hier zu zelten. Das wurde uns erlaubt zum Preis von 10 Ös (manchmal als „Alpendollar bezeichnet) pro Person und Nacht.

Also die übliche Abend Arbeit des Auspackens und Aufbau der Zelte. Der Rasen war kurz gehalten, die Zeltnägel ließen sich gut im Boden verankern. Ein alter gepflasterter Treppelweg am Ufer veranlasste Willi zu der Feststellung dass hier vor 200 Jahren Ulmer Schachteln oder Wiener Zillen Stromauf getreidelt wurden.

Neben der geschlossenen Schranke, der Zufahrt zur Fähre war ein einfaches Gestell mit Dach als Unterstell-möglichkeit.

Dahinter die schiefe Holzbude des Fährmanns. Der Platz hatte ein Waschbecken, zwei Wasserhähne und ein Plumpsklo. In der kleinen Wirtschaft gab es Gösser Bier. Kaum hatten wir uns häuslich eingerichtet kamen die Paddler zurück. Das Woher und Wohin wurde ausgetauscht. Die Nachbarn waren von Minden an der Weser und schon mehr als zwei Wochen unterwegs. Sie hatten in Ingolstadt ihre Fahrt begonnen. Am Abend, es war schon spät, kam noch ein Paddler allein in einem Aerius Zweier. Er stieg aus und bat uns ihm zu helfen, das Boot hinter unsere Zelte zu legen. Er war, wie sich herausstellte, aus Frankfurt. FKV Frankfurt stand auf dem silbernen Klepper Aerius . Er nahm zwei Koffer heraus und verschwand schnell im Gasthaus. Als wir später noch in die Gaststube gingen um ein Bier zu trinken saß der Paddler noch beim Essen. Er hatte einen einfachen, alten Trainingsanzug an und seine zwei Koffer neben sich stehen. Wir setzten uns ans Fenster. Mit den anderen Kanuten waren wir nun neun Personen. Er, der Paddler mit den Koffern bat uns an seinen Tisch zu kommen. „ Ich bin der Wilhelm aus Frankfurt und allein ohne Zelt unterwegs. Mein Ziel sind immer Gasthäuser am Fluss." Klärte er uns auf. So saßen wir noch lange schwatzend am großen Eichentisch. Es wurde viel „Paddler Latein" verzapft.

Auch von den größten Schiffen und längsten Umtragstellen war die Rede. Am Ende zahlte Wilhelm unsere ganze Zeche und bedankte sich noch für unsere Gesellschaft. Als wir das Gasthaus verließen, hingen schwarze Gewitterwolken über dem hier engen Flusstal. Die Weiterfahrt sollte am dritten Sonntag des Urlaub's bis nach Mauthausen gehen. Da hieß fast 60 Km paddeln bei flottem Strom. Um 9 Uhr waren wir schon auf dem Wasser. Die Fahrt ging durch eine große und immer umfangreicher werdende Uferbaustelle. Maschinen, Bagger, Silos, Bauschiffe und immer mehr Baugeräte standen am Ufer oder im Wasser. Es waren die Bauarbeiten zur Staustufe Aschach. Auch die nächsten 5 Km gingen durch Baustellen. Auf dem Fluss gab es für uns keine Behinderungen. So paddelten wir wieder zügig weiter. Nach Ottensheim, Wilhering und Puchenau kamen wir der Industriestadt Linz immer näher. Nach der Brücke Urfahr-Linz waren in einer Rechtskurve fünf Bootshäuser am Winterhafen. Dann kamen wir an den Beginn das fast zehn Kilometer lange Industriegebietes, das sich auf dem rechten Ufer bis zur Mündung der Traun erstreckte. Es herrschte reger Schiffsverkehr. Wir paddelten am linken Ufer außerhalb der Fahrrinne Richtung Mauthausen.

Linz ist Hauptstadt von Oberösterreich mit über 100 000 Einwohnern. Die vielen Sehenswürdigkeiten der Stadt interessierten Helga und Willi jedoch nicht. So paddelten wir weiter ohne Besichtigung. Vom Marktplatz mit der Pestsäule und der Stadt konnten wir nicht viel sehen.

Aber immerhin überragt, auf dem linken Ufer, der Kürnberg mit 526 m die Stadt.

„Es sind fast 25 Km bis nach Mauthausen:" Sagte ich zu meinen Mitpaddlern. „Es ist Sonntag, da müssen wir nicht mehr so wild drauflospaddeln, die Geschäfte sin eh zu." Da hatte sie Recht. Wir machten ein Paket, der Zweier in der Mitte, Willi musste steuern, Kuni und ich hielten uns nur an Willis „Fratz" fest. Wir fanden an einer Personenfähre, vor der Einmündung der Enns, eine bescheidene Möglichkeit die Zelte aufzustellen.

Die Enns entspringt bei der Tauernalm am Kraxenkogel in 2324 m Höhe unweit von Tauerntunnel. Nach 252 Km langen Lauf mündet sie in die Donau. Auf ihrem Weg durch Österreich nimmt die Donau mehr als Vierzig Flüsse auf. Da ist alles dabei vom schweren Wildwasser bis zur Wanderstrecke.

Wir richten das Nachtlager ein. Wir wollten am Montag der dritten Woche bis nach Melk kommen. Das sind 77 Km und davor kaum Strömung vor dem Kraftwerk Ybbs-Persenbeug. Dies war dann 20 Km Stau. Das bedeutete wieder einmal, früh aus den Federn und sehen, dass wir zeitig in die Boote kommen. Kurz vor neun saßen wir wieder in den Booten. Es war immer noch gutes Mittelwasser. Die Sonne strahlte mit uns um die Wette. Die Windstille am Morgen versprach gutes Wetter. So hofften wir auf eine gute Fahrt. Auf so einer Fluss-Wanderfahrt haben wir weder Radio noch Zeitung. Selten sahen oder hörten wir einen Wetterbericht. Willi, der zeitweise seinen Kahn allein paddelte, sang wieder mal: „Paddlersmann auf einer Reis`juchheidi, juchjeida. Ganz famos zu leben weiß, juchheidi.....usw." „hör auf, das klingt ja schaurig übers

Wasser." Motzte wieder seine Frau Helga. Die frühen Stunden und die Windstille nutzten wir, um Kilometer zu machen. Eifriges Paddeln ohne Pausen war wichtig um das Tagesziel zu erreichen. Spätestens um 15 Uhr wollten wir an der Schleuse Ybbs-Persenbeug sein. Dann mussten wir nicht umtragen, sondern wurden geschleust.

Bald tauchte rechts vor uns das Schloss Niederwallsee aus dem mittäglichen Dunst auf. Es überragte den Ort Wallsee auf dem rechten Ufer. Auf beiden Ufern waren ausgedehnte Auwälder mit Eichen, Pappeln, Birken und Weiden. Das sind typische Hochwasser Gebiete. Ab Ardagger zwingen rechts und links bis zu 500 Meter hohe Berge den Fluss in ein enges Bett. Er war stellenweise nur noch halb so breit wie in der Auenlandschaft. Eine gefährliche Engstelle war früher der Greiner Strudel. Der wurde manchem Floß und sicher auch den Ulmer Schachteln gefährlich. Nach Grein, in einer scharfen Rechtskurve muss heute noch rechts der Insel der sogenannte „Hößgang" befahren werden. Links ist die Ruine Werfenstein, einst Römisches Kastel und bekannt aus dem Nibelungenlied. Nun beginnt sich der Rückstau von der nächsten Wehranlage bemerkbar zu machen. Wir mussten unsere Paddel kräftiger schwingen um vorwärtszukommen. Wir haben, weil wir nur eine kurze Pinkelpause gemacht hatten, noch mehr als zwei Stunden Zeit um die Schleusung zu erreichen. Willi wollte wieder anfangen zu singen. Kuni tauchte so ihr Paddel ein, dass Willi eine ordentliche Ladung Wasser abbekam. Er spuckte und schimpfte und vergaß seinen Gesang. Was Helga, Kuni und mir recht war.

44

48

Datum	Gewässer	Gefahrene Strecke	
		von —	bis
30.5.	Donau	Ulm — Dillingen	Do
31.5.	" M	Dillingen — Neuburg	M
2.6	" Fi	Neuburg — Straubing Km 111	Km 166
3.6.	" SA	Straubing — Regensbg. Km 166	So
5.6.	" Mo	Regensburg — Straubing	
7.6.	" Mi	Straubing — Winzer	Km 2266
8.6.	" Do	Km 2266 Winzer — Passau	
10.6.	" SA	Passau — Untermühl	Km 2171
11.6.	" So	Untermühl — Mauthausen	
			Km

Deutsches

LUSS-UND ZELTWANDERBU

Links bei Sarmingstein der 520 m hohe Predigtstuhl und einige Kilometer weiter der Ybbser Berg (553 m) und dahinter der Hengstberg mit 571 Metern signalisierten uns, dass es nur noch 4 Km Stau waren. Gegen 14 Uhr steuerten wir den Liegeplatz für Sportboote an. Vor den hohen Kaimauern waren Treppen mit Stahlringen zum Festmachen. Wir konnten die Boote gut anbinden und bequem aussteigen. Eine Stunde mussten wir warten. Die Zeit nutzten wir um uns im nahen Ort mit Getränken zu versorgen. Ich blieb an der Treppe als Wache. Es dauerte nicht lange und es kamen noch zwei Paddler aus Freiburg. Ihre Frage, ob ich wüsste wann geschleust würde, konnte ich mit „ja, um 15 Uhr" beantworten.

Weitere Wander-Ruderer legten an mit viel Gepäck in ihrem großen Holzboot. Die Zeit reichte uns noch für eine reichhaltige Brotzeit. Etwa zwei Kilometer weiter oben sah ich noch drei oder vier Motorboote um die Rechtskurve kommen. Meine Mitpaddler waren schon vom Einkauf zurück, uns blieb noch genügend Zeit für die deftige Jause. Das schwarze Schleusentor mit dem Eisengeländer war noch geschlossen. Willi sagte: „ ich weiß nicht warum das Tor geschlossen ist. Der Trog ist voll Wasser und kein Schiff darin." „ Wir müssen noch warten bis ein Schiff von oben kommt." Sagte ich. Das war den Anderen nicht einleuchtend. Die Zeit wurde uns lang. „Da hätten wir ja schneller umgesetzt." Sagte Kuni. Sie hatte ja recht. Aber im Flussführer war zu lesen, dass um ins Unterwasser zu gelangen 50 bis 60 Stufen zu überwinden wären. Deshalb zog ich das Schleusen dem Umtragen vor. Kaum hatten die Motorboote hier festgemacht, hörten wir ein fernes Klappergeräusch.

Es kam immer näher. Dann sahen wir den Raddampfer mit zwei schwarzen Rußwolken näher kommen. Die Ampel zeigte nun grün. Aus dem quakenden Lautsprecher kam die blecherne Stimme des Diensthabenden mit der Ansage: „Sportboote bitte nach dem Personenschiff einfahren!" Schnell saßen alle in den Booten. Der Raddampfer "Stadt Wien" der Donaudampfschifffahrts- gesellschaft schipperte klappernd und langsam in die nun geöffnete Kammer ein.

Nun winkte uns der Wärter von der Kaimauer aus ein. Es ging gleich, langsam die 12 m tief nach unten, so hoch ist hier die Stauhöhe. Bedingt durch die Höhe, Breite und Länge der Kammer waren wir fast 45 Minuten in dem Trog, bis sich die mächtigen Tore langsam öffneten. Und endlich nach langen Minuten konnten wir Paddler unseren Wasserweg fortsetzen.

Nun hatten wir wieder einen mächtigen Stromzug. Wir rechneten für die 25 Km bis Melk mit zwei Stunden Paddelzeit. Nach 3 Km paddelten wir an Hagsdorf vorbei, passierten eine Schiffswerft, erreichten danach in der Innenkurve den TID Zeltplatz Die TID (Internationale Wanderfahrt für Paddler und Ruderer) macht hier jedes Jahr seit 1956 Station. In der übrigen Zeit ist Zelten nicht erlaubt. Die Teilnehmer dieser Veranstaltung können von Ingolstadt bis zum Schwarzen Meer die gesamte Strecke mitpaddeln. Die dauert etwa 10 Wochen. Es kann aber auch an beliebiger Stelle angefangen oder Schluss gemacht werden. Diese internationale Veranstaltung führt auf der Donau durch acht Länder. Soweit meine Info zur damaligen internationalen Wanderfahrt.

Links liegt Gottsdorf am Fuße des 1060 m hohen Ostrong Bergzuges. Bis nach Melk paddeln wir im Nibelungengau. Krummnußbaum und Pöchlarn lassen wir in schneller Fahrt hinter uns. „Es sind keine Spuren der Ulmer Schachtel zu sehen." Bemerkte Willi wieder einmal, sachkundig, wie man es von einem Beamten nicht anders erwartete. Aus Richtung Melk näherte sich ein Radschlepper mit zwei Frachtkähnen im Schlepp. Das Klappern der Räder hallte über das Wasser bevor das dampfende Ungetüm in unser Blickfeld kam. An Bug und Heck, der unförmigen grauen Kähne waren, blaue Zahlen und „Russe", groß und weiß aufgemalt, als Heimathafen aufgepinselt. Außenbords hing auf einem Sitz ein Besatzungsmitglied, er war mit dem Ausbessern der Farben beschäftigt. In den Ostblockländern war dies damals offensichtlich so üblich. Auf unserer Flussfahrt haben wir das öfter beobachtet. Im Vorbeifahren konnte ich die Tonnage ablesen. Es war 1980 T aufgemalt. Zwei Steuerleute waren an der waagerecht angebrachten Haspel (Steuer) im aufgeklappten Steuerhaus zu sehen. Willi schätzte, dass dieser bergfahrende Schleppzug nicht mehr als fünf Kilometer pro Stunde stromauf schaffte. Ein Schiffsführer bestätigte uns später, dass Willi recht hatte.

Den Schleppzug hatten wir hinter uns gelassen und vor uns sahen wir in der Ferne die Türme vom Stift Melk. Laut Flußwanderbuch des deutschen Kanuverbandes sollte dort ein Zeltplatz beim Ruderverein sein. „Lassen wir uns mal überraschen, ob das stimmt." Sagte Willi, er war nicht überzeugt vom Flußführer.

Wir fanden den Ruderverein mit Zeltplatz und guter Möglichkeit zum Aussteigen und Entladen der Boote. Wir bekamen einen schönen Rasenplatz zugewiesen. Helga hatte dem Platzwart gesagt, dass wir zwei Tage hierbleiben würden. Mauthausen bis Melk waren 77 Km mit 20 Km Stau durch Ybbs-Persenbeug und damit unsere längste Paddelstrecke. Kuni meinte: „ Für heute habe ich genug." Für Morgen, Dienstag, haben wir uns viel vorgenommen. Ich hatte schon unterwegs eine Stadtbesichtigung vorgeschlagen. Die Frauen wollten am Vormittag Wäsche waschen. Das war nach Regensburg schon der zweite Waschtag. Der war notwendig, da wir nicht so viel mitschleppen konnten.

Die Stadtgemeinde Melk mit fast 5000 Einwohnern ist in Niederösterreich. Hier ist der Nibelungengau zu Ende. Die Stadt ist auch als das Tor der Wachau bekannt. Die Wäsche flattert im leichten Ostwind und Willi und ich haben an den Booten die Dreckränder von der „Schönen blauen? Donau" entfernt. Den Stadt Rundgang begannen wir an dem Wehrgang der Stadtmauer. Auf der Wiener Straße waren schöne Häuser so auch das Lebzelterhaus von 1657. Bei einem Großbrand von 1847 wurden viele Häuser zerstört. Nicht so in der Sterngasse die als einzige bei dem Brand verschont blieb. Am Rathaus mit dem Stadtwappen laufen wir in Richtung Donau zum Stadtgraben, wo das alte Posthaus, von 1792, im Sonnenlicht stand. Es wurde im Auftrag von Postmeister Freiherr von Fürnberg erbaut. Zwei alte Stadttürme aus dem Barock an der Nibelungenlände konnten wir in der Morgensonne bewundern. Da war bestimmt eine Spur der Ulmer Schachtel oder einer Wiener Zille glaubte Willi und suchte intensiv den Boden und die Treidelwege ab. Jedoch Willi war enttäuscht. Diese 2 – 300 Jahre alte Spuren waren leider verwischt bis zur Unkenntlichkeit. An einem schönen Torbogen vorbei kamen wir zum Salzhof (1650) und dem Schiffsmeisterhaus mit vielen Hochwasser- marken. Die uns vonder Gewalt des großen Stromes überzeugten.

In einem Seitenweg enddecken wir das älteste Haus, das Haus am „Am Stein" und einen uralten unter Naturschutz stehenden Weinstock. Damit beendeten wir unseren Stadtrundgang. Helga und Kuni zauberten ein großartiges Essen auf unsere Teller. Es gab Reis mit Rindergulasch und grünen Salat. Das war das Sonntagsessen am Dienstag. Auch das passiert Mal bei einer Wanderfahrt. Fast hätt` ich`s vergessen. Am späten Abend legte Wilhelm aus Frankfurt mit seinem Aerius- Zweier an der Pritsche an. Er rief uns zu „ Kann mir mal jemand helfen mein schweres Boot auf das Gelände zu bringen." Willi war schon aufgestanden, als er ihn ankommen sah. Zu dritt war es leicht den 5m20 langen Klepper Aerius Gummikreuzer hochzutragen. Er schnappte seine zwei Koffer und war verschwunden. Er übernachtete in einem nahen Gasthaus oder Hotel. Nach Willis Meinung war er ein Edelpaddler.

Es ist Mittwoch, und nach dem Morgenkaffee, mit knusprigen Brötchen, vom nahen Bäcker, wollten wir mit dem Postbus Richtung Krems, nach Aggstein fahren. Der Bus fuhr fast pünktlich am Hauptplatz ab.

Es ging vorbei an Schönbühl auf dem rechten Donauufer. Wir stiegen nach zehn Kilometern in Aggstein aus. Nun schon in der Wachau wanderten wir in einer guten halben Stunde hoch zur Burgruine Aggstein aus dem 12 Jh.. Von dort, in 500 m Höhe, genossen wir einen sagenhaften Blick auf das Flusstal. Aus dem engen Tal drang schon bald das Geräusch der Schaufelräder eines Raddampfers bis zu uns herauf. Wieder im Tal hatten wir noch ein halbe Stunde Zeit bis zur Bus Abfahrt. Das reichte für eine Einkehr. An diesem heißen Nachmittag, war Almdudler (Limo) besonders erfrischend. Der Nachmittag wurde auf Wunsch von Kuni und Helga zur Besichtigung der Benediktinerabtei in Melk genutzt. Der prachtvolle Barockbau stammt aus dem Jahre 1702 und ist eine Besichtigung wert.

Die beiden nächsten Tage Donnerstag und Freitag sind Paddeltage. Bis Wien hatten wir noch 100 Km frei fließende Donau vor uns. „Das müsste ohne große Anstrengung locker zu schaffen sein." Sagte ich. Bis Krems waren es 35 Km durch die Weinbaugebiete der Wachau. Vorbei an den bekannten Weinorten Spitz, Weißenkirchen und Dürnstein mit ihren vielen Rebenhängen führte uns der Fluß nach Norden. Schnelle Fahrt mit wenig Paddelarbeit brachte uns schon vor 12 Uhr an die im Flussführer empfohlene Anlegestelle Dürnstein, beim Stromkilometer 2007. Der Weg in den sehenswerten, alten Ort war kurz, und Willi fand gleich eine Weinwirtschaft mit Garten am Fluß. Er wollte schon wieder anfangen zu singen: „Mariandl, Mariandl." Er wurde von Helga sofort gestoppt. „Wir hätten uns hier nur blamiert." Sagte sie.

Willi konnte es nicht lassen und fragte die Bedienung nach der Anlegestelle der Ulmer Schachteln. Die wusste mit seiner komischen Frage nichts anzufangen.

So bestellten wir vier mal Weißwein eines örtlichen Weingutes. Dazu gab es herzhaftes frisches Bauernbrot und Käsewürfel verschiedener Sorten. So gestärkt verließen wir den gastlichen Ort. Dann mussten wir schnell in die Boote und ins freie Wasser paddeln. um den Wellen des talfahrenden Raddampfers auszuweichen. Das war jedoch nicht nötig, wie es sich gleich herausstellte. Das Donaudampfschiff legte in Dürnstein an. Bis das wieder losmachte, waren wir fast einen Kilometer weit gepaddelt. Willi hatte es heute irgendwie eilig. Warum wussten wir auch nicht so recht. Die 25 Km bis zum Bootshaus des WSC Altenwörth wären in zwei Stunden zu paddeln meinte er. Helga und Kuni hatten jedoch anderes vor. Sie wollten in einem kleinen Wachauer Weinort noch mal anlegen zum Einkaufen. Ich wählte Hollenburg (Burg Bertholdstein) eine gute Wahl, wie sich herausstellte, da nach den ÖKV (Österreichischer-Kanu-Verband) Information, dort gute Einkaufsmöglichkeiten bestanden. Als wir dort anlegten, war der Raddampfer bereits einige Minuten zuvor an uns flussab vorbei gedampft. Die Frauen gingen einkaufen und wir saßen auf den grob behauenen Ufersteinen in der sengenden Mittagssonne. Ich las im Flussführer des ÖKV, dass auf den 15 Kilometern bis Altenwörth rechts und links immer Auwald vorherrschend ist. Die Landschaft nennt man das „Wiener Becken"

Paddelnd im Walzertakt, in den trüben Fluten, kamen wir erstaunlich flott voran.

Willi sang heute nicht. Aber er sagte eine Strophe aus einem alten Kanutenlied der dreißiger Jahre auf. Und das hörte sich so an:

„Auf, ihr Brüder, steiget in die Boote und nehmt die Paddel schnell zur Hand, seht, es zeigt sich schon die Morgenröte, golden strahlt der schöne Rheinesstrand. Lasst Müh und Leiden heut zu Hause und legt die Sorgen auch mal fort. Mit eurer Arbeit macht `ne Pause, dient heute nur dem Kanusport."

damals (1935) von Hans Siegen geschrieben.

So erreichten wir vom WSC (WasserSportClub) Heidelberg-Neuenheim das Bootshaus der WSC Altenwörth. Wir wurden bei unserer Ankunft wie alte Freunde empfangen, obwohl wir noch nie hier waren. Der Zweier Besatzung wurde aus dem Boot geholfen. Vier kräftige Jungs trugen den voll geladenen Zweier mittels Tragegurten auf den Platz. Es war viel los hier beim Kanu-Club am Donnerstagabend. Da wurden Boote abgebaut und verpackt. Heute war Vereinsabend und am Samstag sollte es mit dem ersten Raddampfer der Donaudampfschifffahrtsgesellschaft aufwärts gehen um dann, in zwei Tagesetappen, zum Bootshaus zurück zu paddeln.

Bald standen unsere beiden Zelte. Spät am Abend, es wurde schon langsam dunkel kam Wilhelm aus Frankfurt an. Er sagte: „Heute habe ich fast 80 Km gepaddelt. Das war anstrengend mit dem großen Kahn." Er meinte seinen alten Klepper Aerius damit. Das war das Boot mit den zwei seitlichen Luftschläuchen. Dadurch war es unsinkbar und ein Verkaufsargument für Hersteller und Verkäufer. Auch bei der Fertigung brauchte nicht mehr so genau gearbeitet werden wie bei Booten ohne diese Schläuche. Wilhelm war wieder in einem Gasthaus, zur Übernachtung und bat auf seine Ausrüstung zu achten. Am nächsten Morgen starteten wir um 10 Uhr zu der letzten Etappe unserer großen Faltbootreise. Die beiden Frauen freuten sich auf gemütliche Tage in Wien. Ich dachte an schöne Fotomotive. Drei unbelichtete Filme hatte ich mir dafür aufgehoben. Willi schwärmte von der Hofburg und der Hofreitschule mit den Pferden. Nun ist es genug der Schwärmerei von Wien. Es sind noch einige Kilometer zu paddeln. Rechts und links ist Überschwemmungsgebiet mit alten Auwäldern. Da gab es für uns nicht viel interessantes zu sehen. Ab und zu mal Reiher und bunte Vögel. Manchmal kreiste ein großer Raubvogel über uns. Mehr als vierzig Zuflüsse, kleinere und größere Bäche und Flüsse nimmt die Donau auf etwa 200 Km in Österreich auf. Die Strömung war hier immer noch flott. Auf der Strecke bis ins Schwarze Meer hatte der Fluss damals keine Wehre und keine Stauanlagen. Er wurde erst ab Anfang 1960 angefangen für die Großschifffahrt durchgängig nutzbar zu machen. Der Schiffsverkehr war mäßig. Von Passau bis Wien zwei bis drei Schiffe, meist Schleppzüge, die täglich die auf Berg- oder Talfahrt unterweges waren. Dazu kamen noch einige Personenschiffe und Raddampfer der DDSG Wien. Bei vielen Fähren verschiedener Bauarten mussten wir wegen der Seilverbindungen zwischen den Ufern achtgeben. Unser Fluss wand sich durch das Tullner Feld. Wir kamen schnell voran. In der Mittagszeit machten wir wieder „Paket". Der Zweier in der Mitte und rechts und links die Einer. Wenn wir Glück hatten, kam auch kein Schiff. Bald waren Kronneuburg, links und Klosterneuburg am rechten Ufer zu sehen. Die über 500 m hohen Berge des Waldviertels mit ihren Wäldern und Rebenhängen ließen für Eisenbahn und Straße kaum Platz. Nach der Autofähre von Klosterneuburg mussten wir noch sieben Kilometer, bei guter Strömung, bis zu unserem Ziel, dem Kuchelauer Hafen paddeln. Als wir von der Strömung nach rechts ins Hafenbecken einschwenken, sind die 651 Paddelkilometer Vergangenheit.

Nach den Spuren der Ulmer Schachteln haben wir vergeblich gesucht. Gesehen und begegnet oder überholt wurden wir ab Passau von Raddampfern und Ausflugsschiffen. Auf deren manchmal hohen Wellen tanzten unsere kleinen Boote auf und ab. Was richtig Spaß machte. Die Schleppzüge mit drei oder vier Einheiten machten durch ihre langsame Fahrt wenige Wellen. Ein Schleppzug kam oft mit nur 5 Kmh stromauf. Ulmer Schachteln, Fehlanzeige, die waren nur in alten Zeichnungen vergangener Jahrhunderte noch nachweisbar. Vermutlich wurden Balken der alten Fachwerkhäuser vor mehr als 300 Jahren von Zillen oder Flößen in den Fluß nahen Gebieten verbaut. „Wer weis, wer weis?" sagte Helga und erhielt unsere Zustimmung. Willi sang mal wieder das Lied von der schönen blauen Donau.

64

68

Einige Tage wollten wir auf dem Campingplatz von Otto Hruza bleiben. Es war die einzige Möglichkeit, um als Wasserwanderer die österreichische Hauptstadt zu erkunden. In den paar Tagen wollten wir möglichst viel von der Stadt sehen. Zuerst sollten ein letztes Mal die Zelte aufgestellt werden. Das war leichter gesagt als getan. Häringe und Zeltnägel waren kaum in den harten Boden zu bekommen. Platzwart Otto brachte uns zwei Hände voll Zimmermannsnägel, 25 cm lang und einen schweren Hammer.

So war es uns möglich die Zelte in dem harten Boden zu befestigen. Dann mussten die Luftmatratzen aufgepumpt werden. Willi sang mal wieder bei der Pumparbeit. „ Wien, Wien nur du allein, sollst die Stadt meiner Träume sein…." Zum Glück leise, aber wie immer falsch, und es war nur im unmittelbaren Zeltbereich wahrzunehmen. Sein edler Gesang wurde glücklicherweise von den Geräuschen des Blasebalgs übertönt. Kuni, die den Enders-Kocher betriebsfertig machte, fragte mich: „ nun sind wir in elf Tagen 650 Km gepaddelt und haben keine Ulmer Schachtel gesehen. Gibt es vielleicht in Wien noch eine?" da wusste ich keine Antwort darauf. Vier Tage von Sonntag bis Mittwoch wollten wir in der Stadt an der Donau bleiben. Vom Kuchelauer Hafen bis zum Stephansdom in die Innenstadt waren es mehr als 10 Km. „Da sollten wir uns einige Fahrscheinheftchen kaufen. Die sind im Dutzend billiger als beim Einzelkauf." Sagte Helga. Ich hatte viel vor in Wien. Nicht nur der Dom, sondern auch die Hofburg, Hofreitschule, der Prater, Schloß Schönbrunn und viele weitere Sehenswürdigkeiten standen auf meinem Programm. Ich glaubte selbst nicht daran, dass wir in der kurzen Zeit alles sehen würden, was wir uns vorgenommen hatten.

Helga, Kuni und Willi hatten auch Wünsche. Die Frauen wären gerne in ein Operetten Theater gegangen. Willi und ich waren stark am Prater interessiert. Nachdem wir noch im nahen Vorort eingekauft hatten, genossen wir den lauen Wiener Hochsommer Abend. Auf den kleinen einfachen Klappstühlen sitzend mit Blick auf die hier breite Donau tranken wir einen Rotwein aus Grinzing, ein kleiner Weinort am Kahlenberg

Der erste Tag, Sonntag und unsere letzte Urlaubswoche, zog uns in die Millionenstadt. Erst mit dem Bus nach Nußdorf, und weiter mit der Straßenbahn bis zum Rathausplatz. Das dauerte mehr als vierzig Minuten. Die Bahn fuhr ratternd durch die Stadt, das kannten wir aus einem alten Gassenhauer. Es war schon viel Betrieb zwischen Hofburg und Dom. Einige Straßenkaffees hatten die Tische und Stühle aufgestellt. Die Sonne sparte nicht mit ihren wärmenden Strahlen. Im Schatten der alten Jugendstil Häuser war es angenehm warm. Besichtigungen wollten wir erst Anfang der Woche machen in der Hoffnung auf weniger Betrieb, hatte Willi vorgeschlagen. Von der Hofburg zur Reithalle war es nicht weit zu laufen. Dort an der Kasse war eine Preisliste und ein Zeitplan über die Reit-Vorführungen. Eintrittspreise von acht bis 20 Ösh waren uns zu viel bei den paar Mark die wir noch eintauschen konnten. Da las Helga, dass am Montag beim Dressurtraining von 11 bis 13 Uhr freier Eintritt war. Das war dann ein Grund morgen noch mal herzukommen.

Bei unserem weiteren Weg durch das Gewirr von Gassen und Straßen in Richtung St. Stefan kamen wir am Volkstheater vorbei. Wir wussten nicht, dass es in Wien so was gab. Kuni und Helga waren gleich an der Kasse. Sie kamen mit vier Karten für eine Operette von Strauß für Montagabend zurück. Von der Seilergasse kommend standen wir vor dem mächtigen Dom. Davor die für Wien typischen Fiaker mit schwarzen Kutschen gezogen von zwei schwarzen, braunen oder weißen Pferden. Es wimmelte von Touristen. Die mächtige dreischiffige Kirche hat eine lange Bauzeit hinter sich, das ist an den vielen Baustilen deutlich sichtbar. Wir hielten uns nicht lange hier auf. Willi sagte, sein Magen verlange nach einer Pause. So machten wir uns auf eine Sitzmöglichkeit in einer Gartenwirtschaft zu bekommen. Wir fanden einen kleinen Biergarten am Josefs Kai. Unter großen Brauerei Schirmen gab es zu essen und zu trinken. Die Auswahl war groß, Gulasch, Palatschinken, Germknödel, Schilcher und Grüner Veltiner standen unter anderem auf der Speisekarte. „Typisch österreichisch." Prostete Willi.
Wir waren nicht weit weg vom Prater mit seinem Wahrzeichen dem alten Riesenrad. Es waren keine zwei Kilometer Fußweg über die Franzensbrücke. Vom Praterstern zum Riesenrad kamen wir in das Volksfest Gelände. Dort sind das ganze Jahr über die Attraktionen in Betrieb Auch hier Urlaubslaune wie überall in der Donaustadt. Das Einzige was uns lockte war das urige Riesenrad mit Ausblick über die ganze Stadt. Die hatte damals weder Hochhäuser noch Fernsehturm zu bieten. Viele Fahrgeschäfte und Buden aller Art lockten die Besucher mit lautstarken Angeboten.

Wir wollten, auf Drängen von Willi, in eine Gartenwirschaft. Die eine gefiel Helga und Kuni nicht, die Zweite war nicht nach meinem Geschmack. Dann sah Willi eine, wie er sagte, „ echt österreichische Gartenwirtschaft". Nach dem Studieren der Getränkekarte fanden wir einen Tisch mit vier Plätzen. Die bunte mit Blumen gestickte Tischdecke und eine Vase mit roten und gelben Rosen gefiel den Frauen besonders gut. Willi bestellte eine Halbe Bier, wie immer „Gösser",ich einen Heurigen. Zwei große Graue, ein Stück Sachertorte und eine Linzer für dir Damen bestellte ich bei der rundlichen Bedienung.

Am Montagmorgen war eine lange Fahrt mit der Straßenbahn notwendig um in den XIII. Bezirk nach Hietzing zum Schloss Schönbrunn zu gelangen. Schloss und Gartenanlage ist auf einer Fläche von 2,5² Km erbaut. Dort verbrachten wir einige Stunden unter Laubengängen und spazierten zwischen den vielen Blumenrabatten umher. Die Zeit verging zu schnell. Wir sahen in der Hofreitschule noch eine Stunde dem Training der Lippizaner zu und genossen die beeindruckende Schau. Am Abend saßen wir auf blauen Plüschsesseln in der Volksoper. Wie die Operette damals hieß, habe ich mir nicht gemerkt. Irgendwas von Johann Strauß, dem Walzerkönig.

Dritter Tag im schönen Wien, Dienstag, es war wieder ein Sommertag mit einem leicht bewölkten Himmel. Vorboten eines Gewitters am Abend? Wir hofften, dass es die nächsten Tage trocken und warm bleiben würde.. Nach dem Frühstück gings mit dem Bus nach Nußdorf, wo wir in die Straßenbahn zur Innenstadt umsteigen mussten.

Fast eine Stunde dauerte die Fahrt in die Stadt mit der langsamen Bahn. Die fuhr ratternd durch die Stadt. Nach ausgiebigem Stadtrundgang fuhren wir nochmals nach Schönbrunn, Helga und Kuni wollten die große Gartenanlage ein zweites mal besichtigen. Ich war darauf aus ein paar schöne schwarz-weiß Fotos mit nach Hause zu bringen. Willi machte Fotos, Dias, um diese im Winter der Verwandtschaft vorzuführen. Es waren eher Knipsbilder meinte ich. Da verstand er keinen Spaß. Am frühen Abend suchten wir uns eine Weinkneipe in Grinzing. Es war die „Besen-Wirtschaft" eines kleinen Weinbauern. Von der Terrasse hatten wir und die anderen Gäste einen tollen Blick auf die weitläufige Stadt. Besonders schön war es, als die ersten Lichter in Wien angeschaltet wurden. Von hier oben sah die Donau aus wie ein blaues, glitzerndes Band, das sich in der Ebene im silberblauen Dunst am östlichen Himmel verlor. Ein freundlicher Mann am Nachbartisch hatte fast den gleichen Weg wie wir und lotste uns fast zum Zeltplatz. „Die Wiener sind charmant und zuvorkommend. Ist eben Wien." Bemerkte Helga.
Mittwoch und letzter Tag in Wien und auf den Spuren der Ulmer Schachtel, die wir vergeblich gesucht hatten. Die Boote waren heute zu säubern, abzubauen und verpacken. Am späten Nachmittag fuhren wir mit dem Bus drei Kilometer bis Nußdorf zur DDSG Anlegestelle der Donaudampfschifffahrtsgesellschaft. Laut Fahrplan startete der Raddampfer stromauf hier um 8 Uhr 30 und sollte am nächsten Tag um 11 Uhr in Passau sein. Die Fahrkarten kosteten die Hälfte dessen, was die ÖBB (österreichische Bundesbahn) verlangt hätte.

„ Wäre schneller gewesen als das Schiff." Sagte Willi. Er hatte immer was zu meckern meinte Kuni. Ich glaube jedoch es wäre langweilig gewesen ohne ihn.

Zurück zu den Zelten ging es zu Fuß. Wir wollten herausfinden, wie lange wir mit den Booten unterwegs sein würden. Fast eineinhalb Stunden schätzte ich. Hoffentlich gab es keine Pannen mit den einfachen Klepper Bootswagen. Heute mussten wir alles abbauen und transportfähig verpacken. Kein Problem, wir hatten viele Jahre Übung darin. Geschlafen haben wir unter dem Vordach der großen Holzbaracke. Es waren nur noch Schlafsäcke und Luftmatratzen wegzupacken. Um sechs klapperte Willis Wecker. „Aufstehen faule Bande" rief er mal wieder in seiner uns bekannten Lautstärke. . Unser Frühstück am frühen Morgen: ein trockenes Brötchen und ein Apfel Alles ging schnell um sieben Uhr rollten wir die drei Boote auf den Wägelchen Richtung Nußdorf. Macher hohe Randstein musste mühsam überwunden werden. Der Gehweg an der Uferstraße war etwas mehr als drei Kilometer bis zum Schiffsanleger. Um 8 Uhr 12 waren wir heil am Anleger. Viele Fahrgäste warteten bereits auf die Öffnung der Eingänge zum Raddampfer. Wir kauften die Fahrkarten bis Passau. Leider habe ich mir damals keine Fahrpreise notiert. Es war aber nicht so teuer wie die Österreichische Bundesbahn (ÖBB). Das Schnellschiff der DDSG die „Stadt Wien" war noch am Staiger vertäut als wir auf das Schiff kamen. Der große Schiffsdiesel brummte in der Warmlaufphase. Pünktlich wurden die Taue gelöst. Die Schaufelräder machten gehörigen Lärm und der Kahn begann sich Flussauf zu schaufeln.

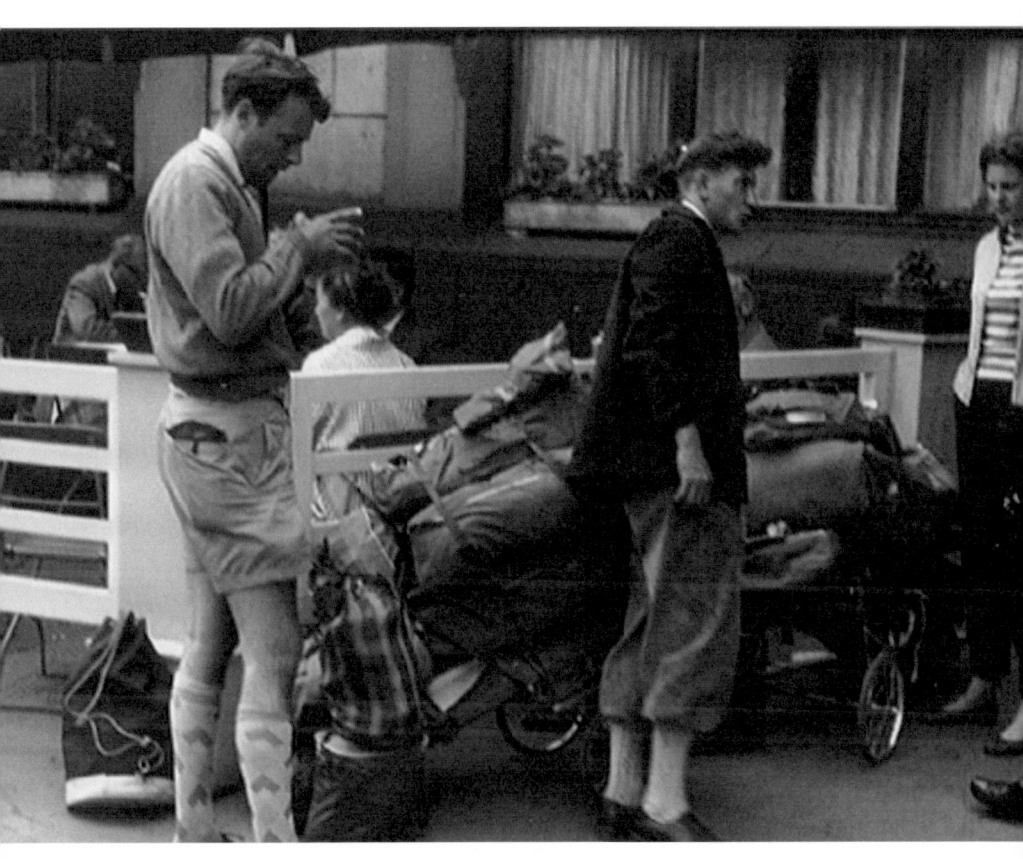

Auch heute schien es ein heißer Tag zu werden denn wir kamen schon auf dem Weg bis zum Schiff ins Schwitzen. Wenn wir nicht auf dem Schiff herumliefen, saßen wir auf dem Oberdeck auf einer Holzbank. Mich interessierte besonders der Dieselmotor. Alle Abdeckungen standen offen. Vermutlich um an diesem sehr warmen Tag die Wärme abzuführen. Ich sah die offenliegenden Ventile mit ihren Antrieben auf den Zylinderköpfen arbeiten. Der Lärm war hier so, dass jedes Wort darin unterging. Das war alles für uns neu, weil wir noch nie auf einem Raddampfer mitgefahren waren. Wie wir schon gesehn hatten, stand auf den Radkästen der Name „Stadt Wien". .Auf der Kommandobrücke stand, wie konnte es anders sein, der „Doanaudampfschifffahrtsgesellschaftskapitän. Nach zweimaligem Pfeifen begann das Ablegmanöver, das Schiff setzte sich in Bewegung und der Kapitän steuerte das Hauptfahrwasser an. Irgendwo, in der Nähe des Maschinenraumes, war eine gusseiserne Tafel angebracht mit den technischen Daten.

Nun hatte ich einen Blick für das Typenschild aus solidem Gusseisen. „Stadt Wien Baujahr 1939 Länge 77,7 m Breite 16,2 m 600 Tonnen 550 Personen 2 Sulzer Diesel 460 PS" soweit das Typenschild. Weiter erfuhr ich von einem Mann im Arbeitsanzug, dass die beiden Dieselmotoren nur Generatoren antreiben, die Strom für den elektrischen Antrieb der beiden Schaufelräder liefern. Unser Schiff hatte einen Tiefgang von 140 Zentimetern. Wie schnell es stromauf fahren konnte, war nicht zu erfahren. Ich hatte einmal gelesen, seit wann die Dampfschifffahrt betrieben wurde. Die Anfänge waren von

1783 bis etwa 1807. Der Beginn der Dampfschifffahrt bei der DDSG war seit ihrer Gründung im März 1829. Ich habe noch eine schönes österreichisches Wort Donaudampfschiffahrtselektrizitätenhauptbetriebswerksbauunterbeamtengesellschaft (besteht aus 82 Buchstaben). Als ich das meinen drei Mitreisenden vortrug, wollten die gleich wissen, wo ich das her hatte. Ich fand diese Bildunterschrift unter einem Bild eines Raddampfers. Aber wo, wurde nicht verraten.

Auf den vier Decks konnte man sich, während der Fahrt, frei bewegen. Nur Steuerhaus und Brücke waren nicht zugänglich. Wir saßen auf dem Vordeck unter einem Dach der Aufbauten auf einer Holzbank. Da die Bank aus Hartholz war, legten wir unsere verpackten Schlafsäcke unter. Die drei Boote standen auf den Bootswagen auf dem Vordeck. Deutlich spürten und hörten wir auf unserem luftigen Platz die Maschinengeräusche. Je nach der Fahrgeschwindigkeit und Stellung der Schaufelräder war das Geräusch mal schwächer, mal lauter. Das ganze Schiff schien sich im Rhythmus des Antriebs zu bewegen. Nun konnten wir bei einer Reisegeschwindigkeit von maximal 20 Kilometer die Stunde, so meine Schätzung, die Flusslandschaft nochmals an uns vorbei ziehen lassen. Die Stadt Wien verschwand hinter uns im Dunst. Erster Stop war Krems. Dann reichten die bis zu 1000 m hohen Berge der Wachau auf beiden Seiten bis fast an das Wasser. Sie ließen nur wenig Raum für Straße, Bahnlinie und Bebauung. Vor der Schleuse Ybbs-Persenbeug lag die „Stadt Wien" (unser Schiff) fast eine Stunde am Kai.

Dann öffneten sich die mächtigen Tore aus eisenbewehrtem Holz. Bis der Dampfer dann endlich in der großen Kammer war und die Schleusung beginnen konnte waren die Zeiger meiner Uhr mehr als eine Stunde vorgerückt. Willi war irgendwo auf dem Schiff unterwegs. Er kam und kam nicht zurück Helga wurde unruhig. Kuni sagte: „ Der hat bestimmt was gefunden was ihn interessiert und schwätzt und schwätzt und findet kein Ende."

Nach einer guten halben Stunde ging langsam das obere Tor auf. Über uns auf steilem Felsen Schloss Persenbeug. Die Stauhöhe von 20 Metern war überwunden. Mit wenig Gegenströmung schaufelte sich das Schiff stromauf. Nun begann der Strudengau und der nächste Halt war Grein. Eilige Fahrgäste warteten an der Steuerbord-Reling, wo der Ausstieg war. Dann kam endlich Willi angedüst von seinem Erkundungsgang. Er wusste Neues zu berichten. „Seht ihr vorn auf der Bugspitze ist ein Stahlstab etwa zwei Meter hoch, der hat einen Stahlring angeschweißt," und weiter: „ Der Mann auf der Brücke, der die Haspel (das Steuerruder) bedient, also das Ungetüm steuert, der peilt über den Ring die am Ufer stehenden Maste an um auf dem richtigen Kurs im Fahrwasser zu fahren." Bei schlechter Sicht wird hinter die Markierung, da ist ein Loch, eine Petroleum oder Gaslampe gehängt. Das wollte ich schon lange wissen. Ab Passau auf der österreichischen Flussstrecke waren sehr oft diese Markierungen angebracht.   Das waren Steuer-Hilfen und die Fahrwasser Kennzeichnung.

Grein war erreicht und das Schiff am Poller der Landungsbrücke festgezurrt. Hier stiegen viele neue

Passagiere aus und ein. Das nahm einige Zeit in Anspruch. Ein Motorradfahrer mit einer 250er BMW und mehrere Leute mit Fahrädern kamen auf das Schiff. Nach etwa 15 Minuten ging die Fahrt flussauf weiter. Grein war früher berüchtigt durch den damals für Flöße und Schiffe gefährlichen „Greiner Strudel". Auch von den Ulmer Schachteln wird berichtet, dass die ihre Mühe hatten heil durch zu kommen. Nun befinden wir uns im Strudengau dröhnte der Bordlautsprecher. Auf dem linken Ufer war dann Mauthausen mit seinem im Dritten Reich berüchtigten Konzentrationslager. Wo die Häftlinge in den Steinbrüchen schuften mussten. Die Berge treten zurück und unser Raddampfer pflügt sich im Linzer Becken und der Welser Heide weiter aufwärts. Die Industrie-Landschaft von Linz beanspruchte nun fast 10 Kilometer des rechten Flussufers mit ihren Bauwerken.

Bei Anbruch der Dunkelheit erreichten wir Linz. Unmittelbar im Stadtgebiet wurde der Dampfer am Kai festgemacht und gut vertäut. Die beiden Diesel verstummten und es wurde ruhig auf dem Vordeck. Nach einem kurzen Rundgang und einem Bier in der hell erleuchteten Altstadt mit ihren alten Häusern erreichten wir wieder das Schiff. Auf den Bänken richteten wir unser Nachtlager mit Luftmatratzen und Schlafsäcken ein. Es war ein sehr warmer Juniabend. Aus dem Maschinenraum, der nach oben offen war, strömte nach Öl riechende warme Luft bis an unser Lager.

Die Nacht auf dem Raddampfer war schwül-warm und ruhig. Auf beiden Stromseiten machten Straßenlaternen und andere Beleuchtung die Umgebung sehr hell. Am

Morgen um 5 Uhr sprangen unter lautem Zischen die beiden Schiffsdiesel an. Sie wurden mit Druckluft gestartet. Dies erfuhren wir später vom Maschinist. „Ihr kennst` zammrame un im Zwischendeck gibt`s än Kaffee." Sagte er in bestem österreichisch zu uns. Um acht Uhr sollte nach dem Kommando: „Anker auf" das Ablegemanöver beginnen und die Fahrt Flussauf weitergehen.

Erste neue Fahrgäste kamen schon um sieben an Bord. Um acht erklang die Bordglocke. Aber erst beim dritten Schlag wurde der Anker mit lautem Rattern der Kette aufgeholt. Es dauerte noch einige Minuten, bis das Kommando an die Mannschaft kam: „Leinen los!" Die beiden, großen Schaufelräder begannen mit erhöhter Drehzahl ihre Arbeit. Der Steuermann lenkte in die Mitte des Stromes. Der hatte keine Spur von Blau, wie so oft besungen. Bis Passau waren es noch rund 130 Km gegen die Strömung. Die 460 Pferdestärken schoben das 600 Tonnenschiff stetig voran. Mehrere Male wurde angelegt zum Aus und Einstieg. So geschehen in Aschach und Schlögen und weiteren Orten. Das war mal am rechten, mal am linken Ufer. Durch das Mühlviertel und die Schlögener Schlinge, einer kurvenreichen Strecke geht es der Staustufe Jochenstein entgegen. Die 1956 erbaut wurde. Das Wasserkraftwerk leistete damals 132 Megawatt und das Wehr brachte einen 27 Km Rückstau bis fast nach Passau. Das Schleusensignal stand auf Rot. Über die Tore ragten die Aufbauten eines Schiffes. Als es später vorbeifuhr, sahen wir es war die „Johann Strauß " der DDSG Wien. Als weit genug hochgeschleust war, stiegen vier Zollbeamte zu. Diese waren vermutlich mit dem anderen Schiff von Passau gekommen. Wir hatten nichts zu verzollen unsere Pässe waren in Ordnung. Gegen Mittag war die Stadt Passau erreicht. Wir karrten unsere Ausrüstung zum Kanuclub an der Ilz. Die Frauen mussten heute für eine Nacht die Zelte aufbauen. Willi und ich machten uns auf den Weg zum über zwei Kilometer entfernten Bahnhof. Das war nicht so schön in der Mittäglichen Hitze. Fahrkarten und Fahrradkarten für die Boote mussten gekauft werden. Der Schnellzug (D-Zug) kam aus Budapest und fuhr über Regensburg – Ulm – Stuttgart nach Frankfurt, über Heidelberg. Abfahrt 9 Uhr 30, an in Heidelberg 22 Uhr 10 , wenn er keine Verspätung hatte. Über den damaligen Fahrpreis habe ich keine Aufzeichnungen gemacht. Mir ist noch in Erinnerung, dass die doppelte Fahrradkarte 5 Mark pro Boot kostete. Morgens also galt es Abschied zu nehmen von der schönen Donau, Europas zweitlängstem Strom. Wir mussten sehr früh am Morgen aufstehen, um die Zelte an der Ilz abzubauen um rechtzeitig am Bahnhof zu sein. Wir als eingespieltes Team, Helga und Kuni, Willi und ich schafften das ohne Schwierigkeiten. Um neun Uhr standen wir am Bahnsteig 1. Die Lautsprecher quäkten, und eine kaum verständliche Stimme verkündete eine voraussichtliche Zugverspätung von 20 Minuten. Der Mann mit der roten Mütze forderte uns auf weiter nach hinten zu gehen, der Packwagen sei ganz am Ende.

Endlich, es war fast zehn Uhr als der Schnellzug von Budapest nach Frankfurt/Main vor uns stand. Am Packwagen wurde Post und Fracht umgeladen. Dann durften wir unsere drei Boote einladen.

Von der Bahnsteigkante bis zum Boden des Wagens war es fast ein Meter. Jedes Boot mussten wir zu dritt hochheben. Sie kamen ins hinterste Eck wo sie bis Heidelberg standen. Wir fanden mit unserem Handgepäck, vier Plätze im Wagen 9.

Willi bemerkte richtig keine Spuren von Ulmer Schachteln gesehen zu haben. „Hier siehst du sowieso keine damals gab es noch keine Eisenbahn" sagte ich. Ich war jedoch anderer Meinung. In den vielen Städten und Dörfern entlang des Flusses waren so viele alte und uralte Fachwerkhäuser deren Balken zwei bis dreihundert Jahre alt sind. „Das konnte nur mit Flößen oder Ulmer Schachteln transportiert werden. Für Pferdefuhrwerke war der Weg oft zu mühsam." Bemerkte auch Helga.

Unsere erste große Urlaubsfahrt mit Faltbooten und Zelten war bald zu Ende und dann hatte uns der Arbeitsalltag wieder eingeholt. Es gab noch viel zu erzählen. Auf zwei Seiten des Fahrtenbuches war von mir das Wesentliche der Paddeltour aufgezeichnet. Dennoch bald stellte sich heraus, dass vieles in der Erinnerung verblasste, weil es nicht aufgeschrieben wurde. Es könnte manches besser beschrieben werden, wenn ich noch mehr aufgeschrieben hätte. Glücklicherweise habe ich heute noch viele Reiseführer und andere Beschreibungen aus dieser Zeit. Grieben (München) und Reclam (Stuttgart) und Andere aus den „Fünfziger Jahren" waren mir hilfreiche Nachschlage Werke für die nostalgische Reisebeschreibung einer Faltbootreise. Durch Ausbau der Flüsse mit Wehren, Stauanlagen und Schleusenkammern ist vieles nicht mehr so wie einst. Heute hat die Donau wieder eine schöne, fast blaue Farbe, bedingt durch die vielen neuen Kläranlagen. Dafür musste sie ihre Strömung opfern für die Schifffahrt. Zugegeben es ist vieles leichter geworden, auch für uns Paddler, und auch für die Berufsschifffahrt. Der Rhein-Main-Donau Kanal hat die Schifffahrt nicht so gewaltig verändert, wie dies die Politiker (Strauß hat es nicht mehr erlebt) erhofften. Personenschiffe und Musikdampfer bestimmen heute die Flusslandschaft. Schubverbände mit vielen Tausend Tonnen haben die Partrikuliere weitgehend verdrängt. Die ganze Romantik ist genauso wie die „Ulmer Schachtel " (Ausnahme ein Nachbau in Ulm) für immer verschwunden.

Die vierwöchige Paddeltour auf dem schnell fließenden, zweitgrößten Fluss in Europa machte uns Mut für weitere große Urlaubsreisen mit Boot und Zelt. Im Laufe der Zeit verbesserten wir unsere Ausrüstung um zukünftige Reisen dieser Art noch perfekter zu gestalten. Und Willi sollte seine Stimme verbessern und nicht mehr so viel rauchen dann könnte er damit bei den nächsten Fahrten lauter und besser singen , schlug ich vor.

Die Spuren der Ulmer Schachteln waren verblasst und unsichtbar. Sie waren nur noch in unseren Gedanken und in alten überlieferten Skizzen und Zeichnungen vorhanden. Die Spurensuche auf unserer Paddeltour verlief sich im Donauwasser und Flusssand.

Anhang und Nachbemerkungen
Vorläufiges Ende?? Nein es kommen noch einige Dinge zur Flößerei und den Städten an unserer Paddelstrecke mit 651 Km Ulm bis Wien und nur wenigen Staustrecken und 80 % guter bis schneller Strömung. Heute (2012) muss fast jeder Kilometer mühsam gepaddelt werden.

Die Flößerei begann wahrscheinlich im 12. / 13. Jahrhundert. Weiter zurück ist nichts gesichert nachweisbar. Aber es ist anzunehmen, dass schon früher die Flüsse als Transportwege genutzt wurden. Die Donau war schon früh besiedelt. Die Römer nutzten sie ab Regensburg bis weit in den Balkan hinein als Limes. Viele Städte am Fluss sind von den Römern gegründet und erbaut. So Castra Regina (Regensburg), Castra Batavia (Passau), Vidobona (Wien) und Singidunum (Belgrad), um nur einige zu nennen , waren die größten römischen Siedlungen vor unsrer Zeitrechnung.

Viele Donauzuflüsse eigneten sich für das Triften und Flößen. Man begann wahrscheinlich vor dem Flößen mit dem Triften. Das ging so vor sich, dass geschlagenes oder gefälltes Holz einfach der Wasserströmung anvertraut wurde die es Talwärts beförderte (Triften). An Engstellen oder Verblockungen musste es dann von den Holzknechten mit Stangen und Äxten wieder auf den rechten Weg gebracht werden. Das heißt vom Ufer aus in die Strömung schieben. Die Stämme wurden an den größeren Flüssen zu Flößen zusammen gebunden
Je nach Flusslauf, Breite, Strömung und Länge konnte das Floß etwa 20 – 30 Meter lang und bis 8 m breit sein.

Fast jede Ansiedlung hatte eine Floßlände. In vielen Straßennamen finden wir heute noch die Namen: „ Alte Floßlände" „An der Floßlände" oder ähnliche. Einige Jahrhunderte später von Mitte des 16. Jahrhunderts erlangte die Flößerei immer mehr an Bedeutung. Die speziellen Floßruder ersetzten oder ergänzten die großen Stangen, die das Fahrzeug von Ufer und Felsen abhielt und waren eine Arbeitserleichterung für die Mannschaft. Ab etwa dem 18. Jhd. gab es den Beruf des Flößers. Werkzeuge und Techniken wurden verbessert. Der Ausbau und die Begradigung der Flussläufe begann um den Transport zu erleichtern. Die Donau mußte auch die Flöße aus den Zuflüssen aufnehmen. Nicht nur die Holzhändler und Bergbauern aus dem Schwarzwald und der Alb wollten ihre guten Eichenstämme und Ulmen verkaufen. Die Bayern und Österreicher flößten über viele Flüsse in Richtung Donau. Die bedeutendsten waren wohl zu der Zeit, Isar, Inn mit Salzach und Enns, Regen, Altmühl und Naab. Geflößt wurde meist im Frühjahr bei guten Wasserständen. Es gab in den Oberläufen Einbauten wie Triftrechen und Klausen (Wasserspeicher mit Flößertor). Beispiel an der Steirischen Salze die Bresceniklause und vor der Mündung in die Enns unweit von Palfau den „Salzarechen". Dieser ist leider vor über 60 Jahren im Ennsstau verschwunden.

Die damalige Schifffahrt mit den Flößen war so, dass am Ende der Fahrt alles zerlegt und verkauft wurde. Der Heimweg der Flößer war lange und mühsam. Auf kurzen

Strecken konnte das Schiff oder Floß flussauf getreidelt oder von Pferden gezogen werden. Mehr als eine Tagesleistung von 20 Km war kaum möglich.

Verschwunden sind auch die „Ulmer Schachteln". Seit Ende des 19. Jahrhunderts mit dem Bau der Eisenbahnen und der Dampfschiffe wurden die Transporte nicht nur billiger sondern auch schneller. Sicherer wurden die Fluß-Fahrten auch . Die Flößerei und die Fahrten mit den Ulmer Schachteln waren gefährlich und forderten manches Opfer. Auf den 2800 Kilometern gab es viele gefährliche Stromschnellen und die Auswanderer konnten nicht Schwimmen. Die Floßknechte mussten Tage, Wochen- und Monatelange Fußmärsche machen um wieder in ihre Wohnorte zu kommen. Immerhin haben viele das „Schwarze Meer" erreicht.
Die Donaufreunde in Ulm halten die Tradition der Ulmer Schachteln durch Nachbauten und Feste aufrecht.
Von den Ulmer Bürgern wurden die Flöße wegen dem Schachtelartigen Aufbau „Ulmer Schachtel" genannt. Im September 2010 sank die Schachtel „ULM" in der Schleusenkammer der Staustufe „Böfinger Halde".

Die Donau, die hier die Landesgrenze zwischen Baden-Württemberg und Bayern bildet, ist nach der Einmündung der Iller noch schmal. Bei Km 2586,5 ist rechts auf bayrischer Seite Neu-Ulm und das Bootshaus der UlmerKanufahrer. Am linken Ufer auf einige Kilometer die Stadt Ulm mit dem Münster und vielen sehenswerten Bauten.

Kurzbeschreibung der Donau von Ulm bis Wien aus meiner damaligen Sicht.

Die Kilometrierung in Ulm ist Strom Km 2588 absteigend bis zur Mündung ins Schwarze Meer (Km 0).

KM

2562   Günzburg, rechts Renaissance Schloß

2638   Dillingen, links Stadtpfarrkirche und Schloß

2509   Donauwörth, links alte Reichsstadt

2477   Neuburg, rechts historische Altstadt, Schloß

2457   Ingolstadt, links alte Festung, Dom, Kirche

2458   Ingolstadt, Industriegebiet, Kai`s, Werft

2442   Vohburg, rechts Agnes-Bernauer-Brücke

2426   Hienheim (links) − Eining Seilfähre

2427   links − Reste vom Limes und Teufeksmauer

2419   Weltenburg, rechts Benediktiner Kloster (620)

2415   Befreiungshalle, links erbaut 1863

KM

2414 Kehlheim, links   Ludwigskanal, Schleuse

2411 Links, Rhein-Main-Donau Kanal Altmühl

2408 Floßlände (Ulmer Schachtel), Fähranleger

2397 Oberndorf, rechts Kirche Maria Himmelfahrt

2385 Mündung der Naab von links

2386 Regensburg,   rechts und links Stadtgebiet

2383 Niederwinzer, nördlichster Punkt der Donau

2379 Steinerne Bücke (um 1140) starkes Gefälle,

2377 Mündung Regen (Bayrischer Wald), links

2368 Donaustauf, li. Burgruine Thurn u. Taxis

2369 Walhalla, li. Ruhmeshalle (1830 – 1842)

KM

2327	Straubing. rechts Stadtturm, (Römerfunde)
2312	Oberalteich, links Kloster
2310	Bogenberg, links Marien- Wallfahrtskirche
2295	Naturschutzgebiet, Graureiher Kolonie
2288	Metten, li. Kloster mit einmaliger Bibliothek
2284	Deggendorf, li. Alte Stadt Mauer u. Türme
2248	Vilshofen, re. Mündung der Vils
2230	Kachlet Wehr u. Schleuse (1927) Stau 9,8 m
2226	Passau, re. u. li „Drei-Flüsse-Stadt"
2225	Inn von rechts, Größter Donau Zufluss
2225	Ilz von links, kommt aus dem Bayr. Wald
2209	Obernzell, links letzter Deutscher Ort
2210	Burg Vichtenstein, rechts

KM

2201 Engelhartszell und Engelszell Pfarrkirche

2200 Beginn Donaudurchbruch „Passauer Tal"

2193 Wesenufer, re. Schloss 17 Jhd. heute Brauerei

2184 Schlögener Schlinge Ruine Haidenbach

2167 Neuhaus, Schloß u. Burg Thurn u. Taxis

2144 Ottensheim li. Mühlviertel Älteste Siedlung

2138 Linz, Stadtgrenze 15 Km Hafen u. Industrie

2133 Brücke, Marktplatz mit Pestsäule, Altstadt

2124 Ende Industriegebiete, Mündg. der Traun

2123 Auwälder links und rechts bis Km 2085

2114 Mauthausen li. KZ Gedenkstätte

2112 Enns, Mündg. re. aus den Tauern (252 Km)

2093 Wallsee, re. Schloß aus dem 11. Jhd.

KM

2089   Beginn des Strudengaues, Greiner Strudel

2079   Grein, li. Marktplatz, Altstadt

2060   Persenbeug, li. Schloß, Wehranlage (1959)

2035   Altarm, re

2036   Melk, re. Benediktiner Abtei Barockbau

2032   Schloß Schönbühl, Weinbaugebiet Wachau

2027   Aggsbach-Markt, re. Kartause von 1380

2026   Aggstein, re. Burgruine aus dem 12 Jhd.

2019   Spitz, li. Pfarrkirche 16. Jhd. Weinbaugebiet

2013   Weißenkirchen, li. Häuser aus dem 17. Jud.

2009   Dürnstein, Altstadt, Stiftskirche, Burgruine

2002   Krems, Und, Stein, Altstadt, Weinmuseum

1994   Hollenstein, re. Burg Bertoldsheim

KM

1965   Tullner Feld   (Schlachtfeld)

1963   Tulln re., Römersiedlung Comageris

1949   Greifenstein re., Burgruine (12. Jhd.)

1935 bis 1917 Wien,

Wien war die Reise wert
wenn man auch mit dem Paddelboot bis dahin fährt.

Vom gleichen Autor sind folgende Bücher bei BoD
erschienen:

Immer flussabwärts
Klassische Faltbootreisen der fünziger Jahre
ISBN 3-8334-1359-X 172 Seiten

Flussab und Flussauf im Kehrwasser
So lernten wir damals Wildwasserpaddeln
ISBN 978-3-8391-7566-8 84 Seiten

Paddler Tagebuch 1950 - 2000
ISBN 978-3-8423-5404-3 112 Seiten

Fotogemälde
ISBN 9783842329416 24 Seiten

Colorgraphie - Lichtgemälde
ISBN 9783848219292 24 Seiten

Colorgraphie - Imagination
ISBN 9783848228652 32 Seiten

Lieferbar als Bestellbuch über BoD oder beim
Buchhandel.

Bücher von Herbert Rittlinger (1909-1978)

Damals beim Brockhaus-Verlag Wiesbaden erschienen

Neue Schule des Kanusports
Fluß, Meer und Wildwasser 422 Seiten   11.50 DM

Das baldverlorene Paradies
Wie der bayrische Wald verwertet wird   12.50 DM

Schwarzes Abenteuer
Vom Roten Meer zum Blauen Nil   18.00 DM

Ganz allein zum Amazonas
Auf reißenden Flüssen zum Meer   11.50 DM

Faltboot stösst vor
Vom Karpatenurwald ins wilde Kurdistan   7,80 DM

Das ist nur ein kleiner Teil seines Schriftsteller-, Fotografen-, und Paddlerlebens. Er war ein ruheloser Weltenbummler und mit dem Paddelboot (Klepper) Jonas unterwegs. Von seinen vielen Reisen mit Faltboot und Zelt hatte er fast hundert Bücher geschrieben und unzählige Fotos mitgebracht.
Er wurde, wie er selbst sagte „wie jeder echte Seemann und Bergsteiger" natürlich in Leipzig, Sachsen geboren. Die Bücher gibt es, wenn überhaupt, nur noch antiquarisch. „Das baldverlorene Paradies" ist als Nachdruck vom Pollner-Verlag München erhältlich.

Platz für Notizen